LES JARDINS DE LA MER

LES AUTRES LIVRES
EDITÉS PAR TERRE VIVANTE
SONT PRÉSENTÉS Á LA FIN
DU PRÉSENT OUVRAGE.

Clotilde Boisvert

les Jardins de la Mer

Du bon usage des algues

Terre Vivante
6, rue Saulnier - 75009 Paris.

Maquette de la couverture : Bernard Flageul
Mise en pages : Catherine Chapuis
Photo de la couverture : Pierre Aucante
Photos : Pierre Aucante
Dessins : Pascale Thérondel

ISBN 2-904082-22-0

Sommaire

LA CUISINE DES ALGUES

INTRODUCTION

Mouvance des algues, mouvance d'un sujet : les algues sont-elles propices, bénéfiques pour l'Homme ? Oui ! crie la foule des passionnés d'algues, « filles de la mer et du soleil », issues de milieux sains, garantes de tous les éléments énergétiques, de ceux-là mêmes qui font défaut à notre alimentation déséquilibrée de trop nourris, véritables médicaments venus de la mer. Non ! disent les sceptiques, les algues sont polluées dans des mers devenues toutes sales, elles sont trop riches en iode, et, tout d'abord, les manger dîtes-vous, pouah ! quelle horreur !

Alors je suis allée voir mon ami Paul Corcellet, le « traiteur de l'Opéra », celui grâce auquel vous connaissez le poivre vert, l'avocat, le kiwi, toutes ces moutardes aux goûts différents et aussi les vinaigres aux multiples senteurs-saveurs. Que ne connaît-il pas ? des termites qu'il prépare au chocolat, à la viande de caïman ou d'ours qu'il sait si bien accomoder.

Alors pourquoi pas les algues ?

Je suis passée en Bretagne aux berceaux de la thalassothérapie. J'y ai croisé Gisèle Hartung, fondatrice d'Info-Mer. « Alors, les algues ? » Elle m'a répondu un peu, beaucoup, passionnément, en m'entraînant vers les bains bouillonnants et la piscine d'eau de mer : j'y ai découvert l'empirisme positif et probant des traitements aux algues fraîches.
Aux Bretons de Roscoff, Plouguerneau, Molène, j'ai parlé des algues, du goëmon. Et les histoires de sourdre avant de déferler, témoignages souvent poignants d'un passé tout proche.

« Les algues ? » ai-je demandé à mes amis étrangers et, souriante, mon amie japonaise m'a montré comment préparer les « sushis » en robe de NORI * et à cuire dans le potage des KOMBU savamment noués. Que c'était délicat et délicieux, chère Katsuko !

Mes amis chinois ont découpé les mêmes KOMBU en fines lanières pour en faire une salade croquante. Dans mon restaurant cambodgien préféré, je choisis toujours un délicieux dessert aux algues. Les Irlandais mâchent des DULSE juste séchées en buvant le stout, cette bière si brune qu'elle en est presque noire, et l'Esquimau du Groenland les croque crues avec le coquillage frais qu'il vient de cueillir sur la plage.

Nous avons vécu la rédaction de cet ouvrage comme une fluance, allant de l'enthousiasme des découvertes du passé ou de l'actualité, au découragement des contradictions.
Un pas vers le passé et un vers l'avenir, chaque information confirmée ou infirmée au fil des jours. Et toujours ceux qui voulaient savoir, tant de questions posées sur ces algues !

Ainsi ce livre n'est qu'un reflet des connaissances actuelles sur les algues, assises sur des documents se rapportant à ses multiples usages. C'est aussi, pionnier, le premier livre de cuisine gastronomique aux algues.

Clotilde Boisvert

* voir recette p. 84

à la rencontre des Algues

Promenade botanique à marée basse

Les algues sont la toute première expression du végétal sur terre : issues de la grande explosion primordiale, elles n'ont été tout d'abord qu'un agrégat de matière vivante. Mais pour vivre, sous l'action du soleil, elles absorbaient le gaz carbonique, rejetant l'oxygène, et ainsi elles permirent à la vie de s'établir. Elles sont encore telles quelles aujourd'hui dans le plancton, maillon de la grande chaîne alimentaire qui relie les êtres vivants. Et si Alain Bombard put survivre lors de son affamante traversée de l'Atlantique, c'est bien grâce à ce plancton, algues microscopiques mêlées d'animacules, riche produit des noces du soleil et de la mer.

Plus tard apparurent des algues bleues, si simplettes que leur noyau n'a pas de membrane, puis les vertes, les rouges et les brunes. Elles flottent sur les eaux ou s'accrochent au fond de la mer. Elles préfèrent, selon la couleur de leur robe, tel ou tel étage sous-marin. Pour vivre, elles captent l'énergie solaire et filtrent l'eau de mer à travers leurs cellules pour en choisir les éléments à des taux de concentration incroyables.

Leur structure est la plus simple qui soit. Leurs formes préfigurent et annoncent toutes les formes végétales qui apparaîtront plus tard : racines, tiges, tronc, feuilles, nervures de feuilles, mais ces appellations recouvrent une structure anatomique très frustre : toutes les algues, si complexes paraissent-elles, sont faites d'un même tissu, non différencié, à peine épaissi par endroits : le thalle. Rejoignant en cela champignons et lichens, elles font partie du groupe des Thallophytes.

Leur reproduction ? Là aussi c'est l'essai de toutes les solutions, des plus simples aux plus complexes, s'adaptant aux circonstances de lieu et de temps ; quel foisonnement, quelle débauche imaginative !

Mettez des bottes, un vêtement chaud, un « en cas » de pluie ou votre maillot de bain selon la saison et le temps. Prenez votre montre : vous avez noté l'heure de la basse mer et vous êtes sur place une heure et demie avant la remontée des eaux. Vous aurez aussi avec vous un couteau solide et ne craignant rien.

A défaut de la hotte à algues devenue

hotte à artichauts puis rarissime, emportez des sacs en plastique de couleur vive (plus faciles à retrouver). Vous les aurez troués avant de partir pour que l'eau s'échappe et allège votre charge. Si la plage que vous explorez est découverte sur de longs kilomètres, emportez une boussole.

Maintenant, suivez-nous : nous sommes un jour de grande marée, au printemps, et la côte est abritée. Allons.

Des rochers bordent la plage, ce matin même encore battus par le flot. De larges taches oranges, jaunes, grises, et même noires comme du goudron, les ponctuent : ce sont des lichens marins. Entre deux fentes, vert pâle et ramifiée, pousse la Criste marine ou Perce-pierre. Rien de tout cela ne vit sous l'eau. Descendons sur le sable mouillé : devant nous est l'immense champs des algues. Celles-ci, mêlées, déchiquetées, arrachées, sont des algues épaves et nous les dédaignerons. Parfois, pourrissant au creux d'une anse, elles forment des dépôts plus ou moins malodorants qui serviront peut-être à fumer les champs.

Et voici, feuille humide, vert clair, à peine ondulée, notre première algue : LAITUE DE MER. Prenez-la en main : vous voyez nettement vos doigts au travers ; en effet, cette algue est constituée de seulement deux couches de cellules formant ce que l'on appelle un thalle. Retournez-la pour trouver un soupçon de tige (le « stipe ») et un petit crampon qui, quelquefois, enserre encore la pierre sur laquelle il était fixé. Mais nous sommes trop près du rivage, cette « laitue » aussi a été rejetée ; nous cueillerons plus loin, en pleine mer, les algues que nous voulons manger.

Attention, vous n'avez en fait pas le droit de ramasser les algues : c'est un droit strictement réservé aux goémoniers inscrits maritimes. C'est donc une tolérance, n'en abusez pas : ne cueillez que selon votre besoin personnel immédiat.

Avant tout, assurez-vous de la propreté des zones où vous voulez récolter. Les algues ont les mêmes exigences de propreté bactériologique que les coquillages (huîtres, moules, praires, etc.) : vous serez donc assuré de la propreté des eaux près des parcs. Ne récoltez jamais les « algues d'épaves », avancez sur le grand champ d'algues que laisse la marée. En somme, ne cueillez que les algues poussant à 2 mètres sous l'eau, les grandes marées vous les découvriront. Vous ne cueillerez que les algues appétissantes.

Certaines algues sont à ménager : c'est ainsi que la LAITUE POURPRE, plus rare sur nos côtes que chez nos voisins d'Outre-Manche, devra être coupée et non arrachée : un gisement pillé signifie l'envahissement prochain et définitif par une algue d'une autre espèce. Il en est de même pour les algues indiquées comme rares : si vous dévastez, vous ne retrouverez plus rien. Cette notion de « ménager son territoire » n'est pas neuve : les Romains, déjà,

fous de poissons, interdisaient la pêche sur certains territoires côtiers pendant quelques années pour laisser aux poissons le temps de se multiplier ; le rythme de ces protections était régulier, les lois strictes et ...les pêches abondantes. Vous pouvez, par contre, arracher une LAMINAIRE avec son crampon, ce n'en fera que place plus nette pour la prochaine.

Ce vert intense presque fluorescent qui nous côtoie, regardons-le de près : il est formé de multiples filaments, certains comme des sacs creux. On les appelle CHEVEUX DE MER. Sont regroupées sous ce nom diverses espèces d'algues très proches, du genre *Enteromorpha : compressa, intestinalis, ramulosa* sont leurs noms assez descriptifs par eux-mêmes. Vérifiez tout particulièrement que là où vous voulez les cueillir n'aboutisse pas quelque sortie d'égout ou embouchure de rivière, car ces algues sont particulière-

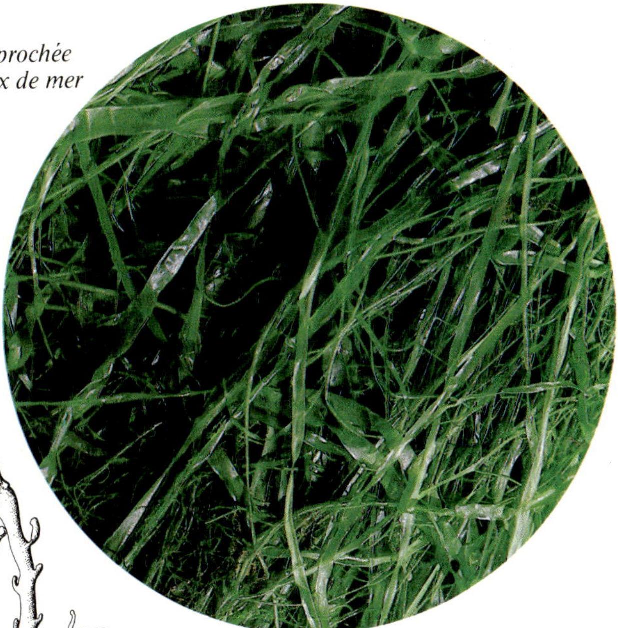

Vision rapprochée des cheveux de mer

Seules les pointes fraîchement exondées d'ascophyllum sont consommables.

ment friandes de nitrates et de phosphates, substances types des pollutions organiques. S'il en était ainsi, abstenez-vous évidemment.

Déjà vous aurez aperçu, ramifié, boursouflé de vésicules, vert-jaune, parfois plus sombre, l'*Ascophyllum* *nodosum.* Cette algue est impropre à la consommation humaine. Seules ses extrémités dichotomes pourront être consommées en début de saison, à condition toutefois de les récolter juste après que la marée les ait découvertes *. Vous les ferez frire ou les conserverez au vinaigre. Ces mêmes algues, cependant, sont mêlées à des nourritures toutes prêtes pour chevaux

* Chez les Esquimaux du Groenland, les Ascophyllum récoltés après plusieurs heures d'exposition et consommés entraînent des accidents toxicologiques. (Communication personnelle de Joëlle Robert-Lamblin du Musée de l'Homme à Paris).

(sans inconvénient pour ces derniers), et, microbroyées, elles servent de base pour les traitements externes des instituts de thalassothérapie et pour des produits cosmétiques. L'Ascophyllum a même servi, dans certaines îles où le bois de chauffe est absent, à faire partir le feu ou à le ranimer.

A côté poussent, beaucoup plus sombres, des *Fucus spiralis* (ou *vesiculosus*). Ce dernier est bien celui que vous trouvez servi sous les huîtres ; nous en ramasserons une bonne poignée pour la tisane et pour nous frictionner sous la douche. La légende veut que les Japonais mangent cette algue plutôt que les huîtres mais je n'ai jamais pu la vérifier...ni manger le FUCUS (étant consciente, d'ailleurs, de tout le temps qu'il faut pour apprivoiser une plante sauvage : il y a sans doute une saison et une manière de manger les FUCUS). Un peu plus loin les *Fucus serratus* étalent leurs lames presque bleutées à force d'être brun mat. Evidemment, je ne vous montrerai que les algues dont nous pourrons nous servir, car nous sommes dans des lieux riches en végétation et le nombre d'espèces d'algues à Roscoff, station privilégiée, tourne autour de 650. Voici les premières grandes algues : si nous sommes au printemps, vous pourrez voir, solidement implantées sur leur stipe rond, des lames tendres d'une vingtaine de centimètres : ce sont les toutes jeunes LAMINAIRES SACCHARINES. Les Irlandais et les Ecossais les appellent *tangle* (prononcez tengueule), et c'est un régal : vous pourrez les manger crues ou à peine cuites.

A côté, voici les adultes. Certaines ont 2 à 3 m de long sur 30 cm de large ; les bords sont froncés et le centre de la lame comme repassée par les roues d'une chenillette ; le stipe rond se termine en un crampon à extrémité étroite qui souvent enserre encore la pierre sur laquelle il était fixé. De grands individus peuvent peser 2 kg et plus. Ces laminaires vivent 2 ans. Choisissez celles d'un an pour envelopper délicieusement une belle pièce de poisson ; leur cuisson sera de même durée.

◁ *Saurons-nous apprivoiser ce fucus et ses plaisantes vésicules ?*

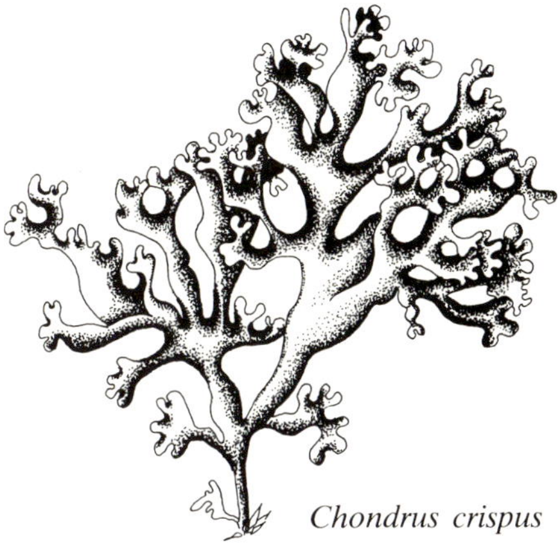

Chondrus crispus

Abandonnées au soleil, elles exsudent une poudre blanche, mi-iodée, mi-sucrée, qui leur a valu leur nom de SACCHARINE. Ce sucre est plutôt une curiosité. Séchée et broyée, l'algue sert à faire des gelées.

Nous sommes maintenant près de la mer, à la limite inférieure des marées, et sur les rochers pousse le CARRAGAHEEN. Beaucoup d'algues lui ressemblent : grandes comme une main, trapues, très ramifiées, coriaces. Mais ce qui distingue le CHONDRUS CRISPUS (le carragaheen est un mélange d'algues toutes gélifiantes, mais le plus pur ne contient que *Chondrus crispus*), ce sont les reflets bleus - un peu comme du pétrole répandu, bleu acier avec une luisance jaune - qu'il prend sous l'eau. C'est le « lichen » ou « pioca » des Bretons, et vous rencontrerez là, si c'est un bon gisement, les goémoniers en train de cueillir. Ils n'auront certes pas le loisir de répondre maintenant à vos questions, ils ont tout juste le temps de la marée pour récolter. Les grandes Laminaires digitées - les FOUETS DE SORCIER - sont à ce niveau, impressionnantes, lourdes : touchez leur lame épaisse comme du cuir. Elles vivent une dizaine d'années, renouvelant leur lame à partir d'un point situé légèrement au-dessus de son insertion avec le stipe. La partie tendre de la lame est comestible.

Si nous nous dirigeons vers le côté battu de ce rivage, nous aurons un autre tableau. Nous rencontrerons au plus profond de grandes LAMINAIRES comme *Laminaria hyperborea* dont la masse de lames est étranglée au milieu comme une tournure de jadis. Souvent, sur son long stipe est fixée une jolie algue rouge en chiffon gracieux : c'est la DULSE, ici en épiphyte et que nous ne récolterons pas. Plus loin, elle envahira les rochers et vous pourrez tout d'abord goûter ses petites repousses tendres puis la cueillir (juste quelques poignées pour vous). En début d'été, vous verrez des taches irrégulières sur la lame : ce sont les organes de reproduction, les sporocystes. Vous laisserez la laminaire se renouveler en paix. Le bon moment pour la cueillir est passé.

Sur ce monticule rocheux brillent des feuilles mi-plastique, mi-membranes, de couleur bronze : c'est la lame desséchée de la très précieuse LAITUE POURPRE. Plus loin, regardez-la dans cette petite mare d'eau de mer, s'étalant si transparente ; prise en

Si jeune, si tendre : une laminaire sucrée.

main, elle colore les doigts du violet de sa lame. Son thalle est à une seule assise * de cellules, mais leur paroi est si résistante qu'il faudra plusieurs heures de cuisson pour obtenir le délicieux *laverbread* ** ou calciner sa lame sèche. C'est alors une nourriture exceptionnellement riche (en protéines et en calcium tout particulièrement).

Mais non, ce n'est pas un ballon crevé, avec ces pointes épaisses et jaunes ; c'est un bulbe de *Sacchoriza polyschides* séparé de son algue. Vous rencontrerez peut-être celle-ci un peu plus loin, impressionnante : le stipe est tout entouré de godron jaune ambre, comme on en voit encore au costume de fête traditionnel des Savoyardes ; lui-même est aplati en une lame cornée et s'épanouit en un bouquet de lames épaisses.

Aurons-nous la chance de trouver l'*Alaria esculenta* sur notre chemin ? Sa lame se déchire comme une feuille de bananier, et la base de son stipe court porte des excroissances ovales : les sporophylles. Ceux-ci peuvent être de l'année, tendres, ou de l'année passée avec une consistance de cuir. Attendez alors que de nouveaux sporophylles repoussent près des anciens, ils seront délicieux. Au mois de septembre, vous pouvez essayer de préparer la grande nervure crue en salade. Mais cette algue n'est pas fréquente ici.

* Couche. ** Voir recette p. 86

Revenant vers la rive, nous serons étonnés de voir ces longs cheveux : nous approchant, nous verrons qu'un petit bouton fixé au fond de la mer laisse sortir de son ombilic des lanières de plusieurs mètres de long : ce sont les SPAGHETTIS DE MER. Très jeunes, ces lanières s'utilisent fraîches, crues ou à peine cuites à la vapeur, ou revenues dans une poêle quelques minutes. Plus âgées, vous remarquerez les sporocystes comme autant de petites ouvertures sur le thalle. A ce moment elles ont plus de goût, mais demandent une cuisson variant de 10 à 15 minutes dans très peu d'eau.

Attention aux grains de sable des algues à constitution plus légère : LAITUE POURPRE et CHEVEUX DE MER sont très difficiles à désabler par la suite. Vous prendrez soin de ramasser ces algues le plus loin possible du sable (rocher, lames supérieures).

Avant de les mettre dans votre sac, lavez-les à l'eau de mer si vous voulez les garder ainsi, sinon vous les rincerez chez vous à l'eau douce avant de les garder au frais ou de les faire sécher dans un courant d'air propre.

Vos sacs contiennent votre récolte pour trois jours de cuisine ou de soins.

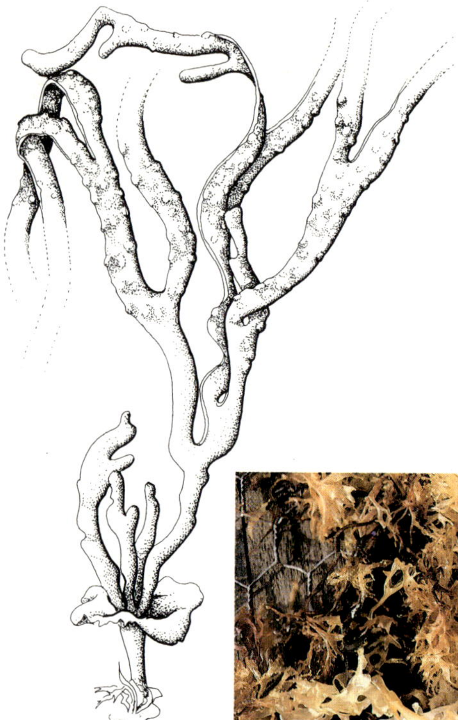

Spaghettis de mer

Le « lichen » ▷ sèche à l'air en blanchissant.

La marée descendante livre les richesses de la mer.

Comment vivent-elles ?

Les algues sont le premier maillon de toutes les chaînes alimentaires. On en trouve aussi bien dans les mers et les eaux douces que dans l'air. L'eau salée couvre presque les trois quarts de la surface du globe et parfois jusqu'à 10 000 m de profondeur (fosses marines), ce qui représente un volume considérable. Les algues n'occupent que la partie accessible à la lumière sans laquelle elles ne pourraient vivre. Leur limite varie selon la clarté des eaux, différente selon les mers, et n'excède pas 200 m. Elles sont fixées, posées au fond de la mer, ou flottantes.

Leurs conditions de vie sont liées aux divers facteurs physiques : substrat, température et lumière. D'où leur répartition dans la mer.

En fait, les algues ne sont sensibles qu'à la dureté, au côté compact ou non du substrat. Sa composition chimique leur indiffère puisqu'elles n'en tirent aucune substance.

Par contre, les variations de température (plus faibles cependant que celles de l'air), limitent par leurs extrêmes la répartition des algues. Cette température peut être modifiée localement par des courants marins chauds (Gulf-Stream à Roscoff) ou froids (Humboldt sur la côte pacifique sud-américaine), et la profondeur. Certaines algues supportent très bien de grands écarts de température, d'autres non (c'est le cas, par exemple, des espèces de profondeur).

La quantité et la qualité de la lumière reçue influent particulièrement sur leur répartition. En effet, l'énergie solaire pénètre dans la mer jusqu'à environ 100 m. Mais son intensité faiblit lors de cette traversée, et surtout pour certaines de ses radiations *. Les infrarouges sont absorbés dès les premiers centimètres. A 10 m il n'existe plus de rouge, et à 100 m il y a à peine de vert et de bleu. A 200 m quelques bleus seulement.

Pour absorber ces radiations, les algues revêtent des couleurs variées, car elles ont besoin de lumière. Fondamentalement, toutes possèdent la chlorophylle a ; c'est elle qui leur permet de vivre, grâce à l'énergie du soleil. La chlorophylle a absorbe les bleus et les rouges. A l'intérieur de l'algue, dans certains organites, la chlorophylle a est associée à d'autres formes de chlorophylle et à des pigments capables d'absorber les radiations et de les transmettre à la chlorophylle a. Ainsi les algues brunes possèdent un pigment brun (fucoxanthine) absorbant les bleus, et les algues rouges un pigment rouge (phycoérythrine) absorbant les verts. Mais il ne semble pas que la répartition des algues en profondeur et couleur des algues soient absolument liées comme on l'a souvent annoncé. Vous verrez cette théorie s'effondrer lors de votre promenade, car si les premières algues rencontrées sont vertes puis brunes, nous allons plus loin retrouver des algues vertes, rouges et brunes accrochées au même endroit et ...ne respectant plus la règle du « vert-brun-rouge ».

En fait, les algues se situent en un point où elles trouvent assuré leur minimum vital. Ce point d'équilibre entre échanges gazeux chlorophylliens et échanges gazeux respiratoires a une limite inférieure plus basse pour les algues rouges que pour les algues vertes et variable selon les mers.

Leur récolte

Qui récolte les algues ?

Seuls en ont le droit les « inscrits maritimes », habitant le pays depuis longtemps. Ils sont « goémoniers », métier temporaire et difficile.

CUEILLETTE DES ALGUES

(algues de rive)

Chevelure de la mer, échouée à la limite des marées. Le peuple des rivages

* Souvenez-vous de l'arc-en-ciel : violet, bleu, vert, jaune, orange, rouge - ce sont les radiations lumineuses constituant la lumière solaire avec, avant le violet, l'ultraviolet (UV) et après le rouge, l'infrarouge (IR).

Le jardin de la mer : il est là depuis les premiers jours de la création.

est là, toute la famille, avec les chevaux, au milieu des algues. Les « lichens » seront arrachés au rocher vite, vite, tassés dans un sac, lié, posé de côté. Aujourd'hui encore, vous pourrez voir les goémonières entrer toutes vêtues dans l'eau jusqu'à la taille (et elle n'est pas chaude, l'eau en Bretagne !) et serrer leur récolte dans des sacs multicolores - chacun a sa couleur pour se différencier du voisin. Mais ce que vous ne verrez plus, ce sont les algues brunes, les laminaires attachées à deux longues cordes qui aboutissent au cheval. Vite, vite, on les rapportait, on les attachait sur la corde.

Et puis la mer remonte. Dans la benne du tracteur, les goémonières jettent leurs sacs, elles s'assoient à côté et la file éclatante de couleur des tracteurs prend le chemin de la grève, en file indienne. Ce que vous n'aurez pu voir, c'est la marée arrivant au ventre du cheval, les cordes avec les algues flottant sur l'eau, et les hommes faisant corps avec leur monture qui remontent vers le rivage. Ils jouent souvent leur vie, mais c'est le dernier rentré qui rapportera la plus grosse récolte. Les femmes anxieuses, sur le rivage, hèlent et encouragent.

« Mon père était toujours le dernier », me raconte Naig Roz More, poétesse bretonne, « et on lui disait souvent : tu y laisseras un de tes fils, mais on était pauvres... » Tous ont survécu.

Ceux de Roscoff m'ont raconté leur enfance : cueillir le goémon était trop vital pour que toute la famille n'y participât pas. La loi le permettait de mai à octobre (pour ménager les champs d'algues) et de l'extinction des phares à leur premier feu (pour réserver le droit de l'Etat sur les épaves rejetées à la côte). Et, subjugée, j'ai entendu le récit de ces grappes familiales accrochées à un rocher, attendant pour cueillir que le phare s'éteigne dans la pâleur de l'aube. A 8 heures, la cloche appelait les petits écoliers ; ils rejoignaient les bancs de l'école, trempés, mal réchauffés par les poêles à tourbe. Ceux qui étaient restés continuaient leur cueillette jusqu'au retour du flot.

RAMASSAGE DES ALGUES

Le goémon d'épave (« putés » des Normands, « vrec venun » des Bretons) arrive sur la côte au printemps, arraché par les tempêtes d'hiver. Lors des marées d'équinoxe, on voit dériver à pleins paquets, flottant à la dérive, laminaires et fucus (le goémon noir ou « fleur de mai » des Bretons).

C'est l'or brun des côtes. Ramassé

depuis toujours, corvée et fête. La première journée était réservée aux pauvres gens sans charrette.

Les algues que l'on enfouissait dans le sol étaient « l'engrais ». Séchées, fermentées, litière des cochons (en Normandie), elles fertilisaient les sols ingrats.

La fameuse « Ceinture dorée » de Bretagne, si riche de primeurs aujourd'hui, est le travail des Bretons depuis des siècles, et sa largeur c'est le trajet du cheval et de sa charretée d'algues entre la grève et le champ.

Un des derniers pouvoirs des communes fut d'organiser elles-mêmes la récolte des algues.

La récolte dû goémon était réservée à ceux qui se présenteraient, dès l'extinction des phares, sur la grève. Toute la famille se devait d'être là : enfant au sein (quelquefois, par trop mauvais temps, remplacé par un traversin !), vieillard, écolier prêt pour la classe. Les râteaux de ramassage dressés sur la dune indiquaient que la décision du

◁ *Récolte des algues à l'île de Batz lors d'une grande marée de juin.*

partage du goémon avait été prise.

« Reste que le goémonage était l'un des plus durs métiers que la mer ait jamais suscités. Passe encore pour le goémon de grève, d'épave, de tempête et de récifs côtiers, encore que j'aie vu les femmes de mon pays entrer dans l'eau jusqu'aux reins, vêtues de hardes, pour le ramener sur des civières, dans le vent et la froidure. Mais le danger était encore plus grand quand il fallait aller le couper sur les rochers au large, l'établir en meules sur des bateaux, radeaux ou pontons de fortune, et le diriger sur la côte, vaille que vaille, aux accents des cantiques. Bien des vies s'y sont perdues, des familles entières. C'était autrefois, il n'y a pas si longtemps. »

Prétexte de Pierre JACKEZ-HÉLIAS
« Le Goémonier »,
de Philippe Jacquin
(« Métiers d'hier et d'aujourd'hui »
Ed. Berger-Levrault - 1980)

Pêcheurs de goémon

« Longtemps après la tempête d'équinoxe, la mer reste houleuse et tonnante, et roule dans ses vagues un fourrage glauque arraché aux grands fonds. Juste à l'heure où le flot change de voix et commence à se retirer, on voit bondir les agiles paysans, chacun brandissant un râteau aux longues dents, comme une main de bois. Chacun d'eux guette le moment de harponner tout un paquet d'algues, et les traîne en courant, souvent gagné de vitesse par la vague qui suit ; dans l'eau jusqu'aux jarrets, et souvent trempé jusqu'aux yeux. Cette pêche du goémon a fait un lieu commun de littérature et de peinture. Mais il reste à dire. C'est un jeu, [...], et même une sorte de danse, que les baigneurs imitent ; mais on ne se baigne pas en avril. Je vois que ces vigoureux paysans sont bientôt gelés, rompus, essouflés. Tout métier est un jeu pour l'amateur ; mais tout métier est pénible par la durée. »

ALAIN
L'homme et l'animal

Récolte des algues en plongée.

Culture et cueillette des algues alimentaires

Les algues, vous connaissez ? Découverte émouvante au creux des grandes marées, chevelure de sirène déployée autour des bateaux (ah l'arrivée à Ouessant !) et tellement inquiétantes autour des jambes du nageur.

Mais vous a-t-on dit l'extraordinaire richesse de leur chair végétale ? Cueillies fraîches, elles sont gage de vie, elles soignent, restaurent, et nourrissent ; vieillies et même fermentées, elles engraissent la terre et de pauvre la rendent fertile ; calcinées, hydrolysées, cryobroyées, elles servent toutes sortes d'industries : du verre de Bohême à la dynamite en passant par la teinture d'iode.

Peu à peu nous avons appris (ou réappris) à l'utiliser pour notre corps : purée d'algues en applications sur le corps, en bains, en soins journaliers ; mais aussi nourriture variée à la frontière du condiment, nouvelle saveur et idéale prévention des surcharges et des carences de notre vie moderne trop riche et trop agitée.

Découvrez ces nouveaux goûts. Venez les cueillir avec nous à marée basse : fraîches comme des laitues nouvelles, appétissantes. Oh oui, vous pouvez les manger ! Goûtez celle-ci, frangelée, rouge sombre : ça croque un peu, mais c'est bon, n'est-ce pas ? Celle-là, bien verte, est trop ferme pour être mangée telle quelle, elle sera délicieuse ciselée près de carottes crues râpées, et quelle salade pleine d'énergie ! La teneur de cette algue * en vitamine C est dix fois celle de l'orange et, en vitamine A, elle est deux fois celle du chou, le plus riche de nos légumes. Et puis...un « coffre à trésors » ! puisqu'autant vous le dire, ce que vous allez manger sera de l'énergie pour votre corps : fer, calcium, magnésium, sélénium même, gage de vitalité et de jeunesse.

LA CULTURE DES ALGUES

Pour ne pas compromettre l'équilibre biologigue des champs d'algues, il vaudrait mieux, face à une exploitation accrue, cultiver les algues.

Les Japonais à l'avant-garde des cultures et ce, depuis 1000 ans comme en font fois textes et gravures. Actuellement, au Japon, le chiffre d'affaire des algues obtenues par culture est 40 fois celui de nos huîtres, avec une consommation moyenne de presque 5 g par jour et par habitant.

Certaines algues sont prélevées dans la mer avant la libération des spores. Mises en bassin d'eau douce, elles acquièrent un développement plus important, et, grâce à des enzymes ajoutés, produisent 2 à 3 récoltes par an. Nous sommes loin de nos algues sauvages !

D'autres sont prises à l'état de spores, incitées à se développer sur des cordes, et, lorsqu'elles ont atteint un état adéquat, ces nourrissons et leur cordage sont transplantés en bassin ou dans la mer. C'est ainsi que l'on procède en France pour cultiver *Undaria pinnatifida*, le WAKAME japonais. Cette algue, malencontreusement introduite dans l'étang de Thau près de Sète, en 1971, y a envahi les parcs à huîtres. Dans ces eaux chaudes, elle perd les caractéristiques organoleptiques qui font sa valeur alimentaire ; par contre, cultivée dans des eaux plus froides, elle est identique au WAKAME japonais. Seulement, elle est incapable de s'y reproduire, si bien que les laboratoires de l'IFREMER ont dû cultiver ses spores, ce qui permet des recherches génétiques pour créer des souches nouvelles d'algues impliquant le développement d'un caractère donné : plus grande production, consistance plus moelleuse, richesse accrue en un élément donné, etc.

L'algue a ainsi été cultivée sur cordages, avec appui de l'IFREMER, tout d'abord à Saint-Malo par Jean-François Arbona, puis, plus récemment, à Ouessant. Des tempêtes ont déchiré des récoltes qui s'annonçaient bien. Par contre, cette année-là (1986), l'Ile de Molène et l'Ile de Sein ont fait de belles moissons d'algues.

D'autres essais sont en cours :

- avec les LAITUES de MER : leur thalle

*LAITUE DE MER

déchiré ensemence l'espace de culture ;

- avec le *Chondrus crispus*, dont la récolte est difficile, ingrate, imprévisible (chercheurs français et canadiens s'y emploient) *;
- avec *Delesseria sanguinea,* remarquable anticoagulant.

Dans le monde, environ 500 espèces d'algues marines ont un intérêt économique. Moins de 20 sont cultivées actuellement. Seules les espèces appartenant aux genres :

- *Porphyra (P. tenera* et *P. yezoensis)*
- *Eucheuma*
- *Laminaria (L. japonica)*
- *Undaria (U. pinnatifida)*

sont cultivées à grande échelle.

L'alguaculture est une science très jeune qu'une biologiste du Pays de Galles, Katherine Drew, « inventa » en découvrant le cycle de reproduction des *Porphyra.* Les Japonais le cherchaient depuis un millier d'années et mirent la théorie en pratique, permettant l'essor des méthodes modernes d'alguaculture. Les cultivateurs de NORI de Kunamoto au Japon lui ont élevé une statue qu'ils révèrent.

Les pêcheurs japonais, coréens et chinois se sont alors transformés en aquaculteurs avertis et maîtrisent parfaitement la récolte artificielle des spores ; ils ont constitué des banques de semences, et ont mené à bien l'ensemencement en écloserie, le passage à la mer avec fertilisation des espaces de culture ; ils maîtrisent également périodicité et mécanisation des récoltes.

Ces cultures se font en mer ouverte, en lagunes, en bassins clos.

Certains problèmes restent cependant à résoudre pour une pleine réussite des cultures. Il s'agit de :

- la fertilisation de l'espace de culture ;
- la prolifération d'algues étrangères et des prédateurs (animaux herbivores *) ;
- la protection du site : les plaisanciers rompent les cordes sans scrupules avec leurs bateaux ;
- la pollution des eaux côtières ;
- les maladies liées à toute concentration de population (propagation de virus ou bactérie pathogène).

D'autre part, l'introduction d'algues nouvelles pour notre flore pose des problèmes inhérents à cette démarche.

Le WAKAME cultivé à Ouessant se reproduit déjà à l'état sauvage ; quel sera l'impact écologique de son développement sur les champs de LAMINAIRES qui l'entourent ? Des études sont en cours, l'IFREMER attend leurs résultats.

* Symposium sur les algues marines - nov. 1987 - Brest, Université de Bretagne Occidentale.

* Diatomées apparaissant avec la plantule, Nématodes qui en trois jours peuvent dévorer toute une plantation, Ostracode dangereux pour des pousses d'un mois, Cyanophycées, etc.
(Communication de J.-Yves FLOC'H - Fac. des Sciences, Brest)

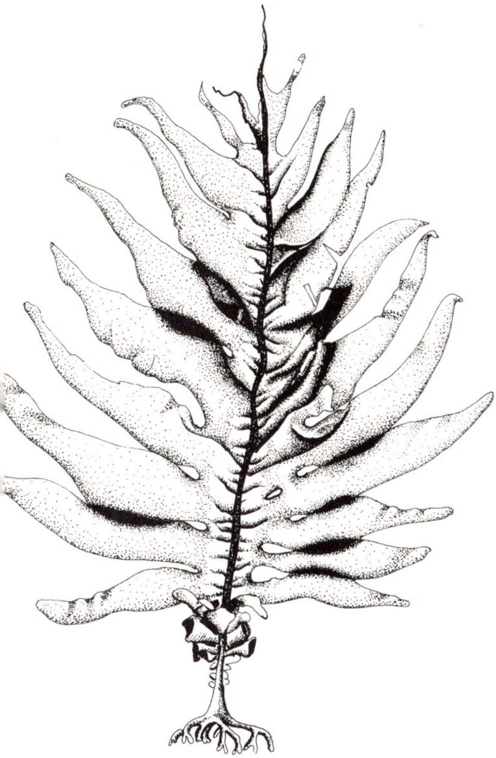

◁ *Le wakamé, une algue alimentaire introduite et cultivée à Ouessant.*

LA PROTECTION DES ALGUES SAUVAGES

Les algues, de si bonne qualité soient-elles, risquent d'être polluées ou de voir leur site détruit par une exploitation excessive. Evidemment, l'Homme est passé par là ! A l'heure actuelle, les océans sont devenus poubelles et l'on suit la trace des bateaux, dans les plus belles mers, aux détritus de toutes sortes jalonnant leur passage.

Que dire lorsqu'un pétrolier vide sa cargaison face à un rivage ? Même si le pétrole, substance naturelle, est biodégradable, il empoisse et tue les microorganismes, maillon important de la chaîne alimentaire, et asphyxie les animaux des bords de mer. Mais les algues, poussant en profondeur, restent intouchées.

Plus grave pour elles sont les résidus des fortes concentrations humaines déversant le flot de leurs égouts : l'algue fixe et concentre ces éléments, accumulant nitrates et bactéries pathogènes. Cette propriété a d'ailleurs été utilisée pour purifier les eaux sales. Ainsi, en aval d'un estuaire, a-t-on installé un cordon de LAITUE DE MER, algue très nitrophile, pour assainir le flot des eaux usagées provenant de la ville. Ces algues, enfouies dans les champs, ont ensuite enrichi par les nitrates accumulés des terres qui en avaient besoin.

Plus grave encore sont les pollutions dues à l'industrie, celles des résidus de métaux lourds : plomb, cadmium, arsenic et mercure, car lors de la consommation des algues, ils ne sont pas éliminés et ils s'accumulent dangereusement dans l'organisme.

Enfin, la radioactivité s'accumule dans les algues situées à proximité de centrales nucléaires : ainsi, au Pays de Galles, la fabrication de fameux petits biscuits à la DULSE a-t-elle dû être interrompue pour cette raison.

La surveillance et le contrôle des eaux doivent être, pour les algues, du même ordre que ceux des parcs à coquillages.

VOTRE ALGUIER

Vous pouvez conserver vos récoltes * dans de grands bocaux avec 4% de formol ajouté à leur eau.

Vous pouvez aussi, de manière moins encombrante, constituer un alguier (homologue de l'herbier).

Pour cela, prévoyez :

- une cuvette plus large que profonde ;
- de vieux bas ;
- une plaque rigide ;
- une presse à herbier ou 2 plaques de contre-plaqué perforé ;
- du papier à la taille de l'alguier que vous désirez constituer, bristol ou autre ;
- de vieux journaux à papier non glacé plutôt du type buvard ;
- un pinceau ;
- une pince à dissection (à défaut, à épiler) ;
- de l'eau de mer (algues rouges) ;
- de l'eau douce (algues vertes et brunes).

Préparez votre algue : débarrassez-la des corps étrangers (coquillages, algues épiphytes).

Posez le papier bristol sur la plaque rigide, immergez le tout.

Faites flotter l'algue au dessus du bristol et retirez le tout d'un mouvement uniforme.

L'algue adhère au bristol et son mucilage agit comme une colle. Laissez l'eau s'égoutter, le bristol sécher.

Enfin, vous pourrez organiser la presse. Si vous ne possédez pas de presse à herbier, prenez deux plaques de contre-plaqué perforé (l'air doit circuler). Faites alternez du papier journal, le bristol portant l'algue, un morceau de bas pour protéger l'algue, du papier journal, etc. Il ne vous reste plus, une fois votre récolte ainsi superposée, qu'à poser dessus un poids important (pierres, vieux dictionnaires, etc.) bien réparti. N'oubliez pas chaque jour (surtout au début) de changer les journaux détrempés.

Lorsque le bristol est sec, l'algue adhère parfaitement. Collez une petite étiquette d'herbier avec son nom botanique (genre, espèce, famille, en latin *), les noms qui lui sont donnés dans le pays et son utilisation. N'oubliez pas de mentionner le lieu et la date de la récolte, la nature du substrat (sable, rochers) et tout renseignement que vous jugerez utile.

Il est très agréable de retrouver ces splendides tableaux que forment ainsi les algues étalées. Certains alguiers sont reliés, et je connais un vieil alguier tout couvert de cuir ancien, à l'encre effacée mais aux algues si fraîches encore entre les pages qu'il ne peut être vu sans un coup au cœur d'admiration.

LES ALGUES D'EAU DOUCE

Ce sont des algues microscopiques. Elles ne contiennent pas d'iode ; par contre, leur taux de protéines dépasse

* A des fins non alimentaires.

* Langage de tous les botanistes du monde.

celui de la viande, de l'œuf et du soja. Les deux tiers de l'humanité souffrent de la faim : les algues restent un des grands espoirs d'amélioration en tant que complément alimentaire.

Quant au tiers restant qui, pour oublier les durs temps de famine, souffre de trop manger, elle s'en sert ...dans ses régimes amaigrissants où elles se montrent très efficaces.

Les CHLORELLES sont des algues unicellulaires. Vous ne les trouverez pas dans le commerce mais dans la littérature des revues scientifiques d'il y a quinze ou vingt ans, comme objets d'expérimentation en laboratoire.

Les SPIRULINES doivent leur nom à leur noyau en forme de spirale. Elles vivent dans des eaux alcalines sous des climats chauds. Connues depuis très longtemps par les peuples de ces régions, elles étaient employées comme apport alimentaire, leur assurant des appoints énergétiques considérables. La SPIRULINE vient du Mexique (*Spirulina maxima*) où elle nourrissait les Aztèques, ou des limites du Sahara (*Spirulina platensis*), vendue toujours sur les marchés mêlée à du millet et connue sous le nom de « dihé » * Cette nourriture assure à la population qui la consomme une robuste santé, au milieu d'une Afrique affamée, et un taux important de centenaires.

Des cultures de cette algue ont été entreprises avec succès par l'Institut français du Pétrole en recréant artificiellement les conditions propices à son développement. Dans des eaux à 35°C, elle se multiplie toute les 7 heures.

La SPIRULINE est vendue très cher en gélules. Il faut souhaiter sa commercialisation en emballages appropriés permettant d'abaisser son prix à la vente. La SPIRULINE se présente sous la forme d'une poudre vert-bleu ; elle n'est pas du tout désagréable au goût. J'ai donné quelques recettes où elle est employée ; pour les réaliser, j'ai tout simplement ouvert des capsules de SPIRULINE et employé leur contenu.

Voir recette p.103

LES ALGUES ASIATIQUES

Il ne sera question bien sûr que de celles que vous pouvez trouver dans le commerce.

Ces algues ne poussent que dans les mers tropicales, à l'état sauvage et en cultures.

Le NORI est en fait un mélange de *Porphyra* où domine *Porphyra tenera.* Ces algues sont récoltées depuis des siècles sur des tamis, comme l'on préparait, en fait, le papier de chiffon, séchées en feuillets rectangulaires bruns, de dimensions standard. Soigneusement déshydratées (plus que les autres algues), ces feuilles sont présentées dans des sachets hermétiques individuels ou groupés dans des boîtes étanches (merveille des emballages japonais !).

Vous trouverez les mêmes algues *Porphyra*, plus sommairement emballées, en forme de galettes-lames rondes et nettement noir-violet. Elles se conservent fort bien. Les Chinois les ajoutent aux soupes.

« Allez les algues ! » (Fouet de sorcier, vent et auteur).

Le KOMBU : c'est le nom japonais de Laminaria japonica. Elle est parente de notre Laminaria saccharina, mais présente en sa ligne médiane une épaisseur de plusieurs doigts de large qui la sous-tend d'un bout à l'autre. Le bouillon préparé avec une lame de KOMBU frémissant 20 minutes dans une quantité d'eau correspondant à un grand bol se nomme « dashi », est délicieux et, de plus, conseillé aux hypertendus ; le même bouillon concocté avec Laminaria saccharina ou Laminaria digitata - notre FOUET DE SORCIER - n'a pas le même goût.

Au Japon, les préparations de KOMBU sont souvent très élaborées, vieillies, retravaillées, colorées et portent des noms différents qui décrivent chacune de ces manières d'être avec pour dénominateur commun le mot KOMBU.

Cette algue contient une substance hypotensive et dilatant les artères qui en fait un aliment de longévité. Une petite île au large du Japon s'enorgueillit de sa proportion de vieillards ingambes, de pêcheuses de perles (métier épuisant) actives au-delà de leur 70 ans ; on attribue cette extraordinaire santé à la consommation de KOMBU accompagnant un régime frugal et une activité constante. Peut-être les Laminaires de nos côtes révèleraient-elles les mêmes principes à l'analyse.

— Le WAKAME est la seule algue asiati-

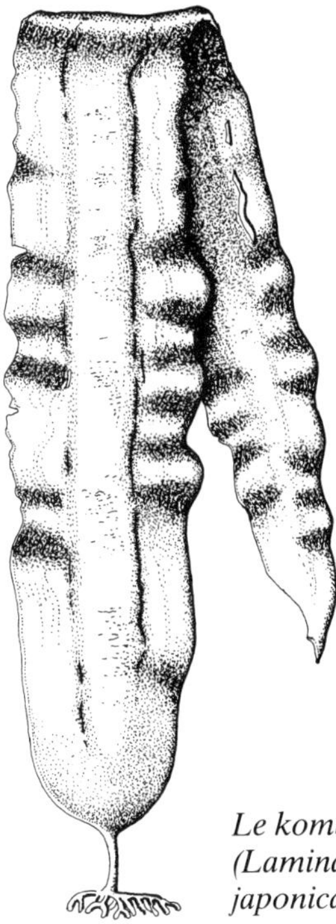

Le kombu (Laminaria japonica)

L'IZIKI ou JIKI se présente sous la forme de filaments noirs coriaces : comme il s'épanouit un peu plus dans son eau de trempage, vous pourrez distinguer de petites feuilles : ce sont des appendices de l'algue, le thalle qui prend ici forme de feuilles. Ces algues bien préparées - ce qui est, hélas, rarement le cas au restaurant - sont délicieuses. Leur apport alimentaire, énergétique est important. Les Japonais attribuent à leur consommation régulière leur magnifique chevelure noire et la pérennité de cette couleur lors de leur vieillissement.

que que nous ayons pour l'instant réussi à apprivoiser. Entrée subrepticement dans l'étang de Thau à la suite d'huîtres nippones, elles se sont développées au point de gêner les ostréiculteurs. Par contre, leur analyse s'est révélée décevante selon les travaux de l'IFREMER : elles avaient perdu en chemin leurs remarquables propriétés organoleptiques. Transplanté en Bretagne, dans des eaux froides et agitées, ce même WAKAME a retrouvé ses vertus premières et s'est magnifiquement développé. Ô le joli goût d'huître du WAKAME frais ! Hélas, l'algue ne veut pas se reproduire, et il faudra l'élever en nurseries avant de la disposer sur des cordons de culture.

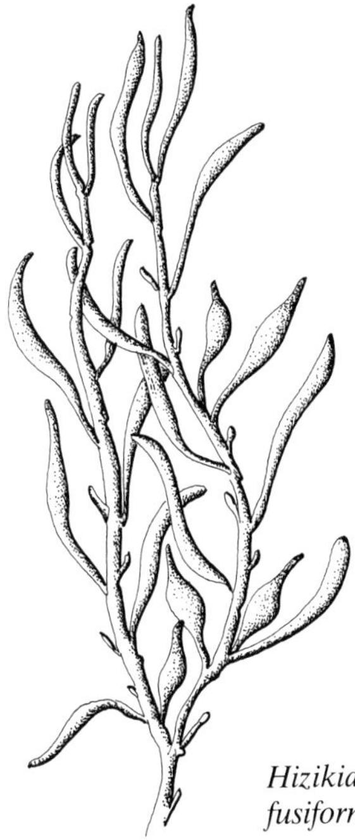

Hizikia fusiforme.

La criste marine en fleur (juin).

LES FAUSSES ALGUES

Une amie vous a dit : « J'ai mangé des algues au restaurant, c'est très bon ». Demandez-lui de vous décrire cette algue, et 99 fois sur 100 vous arriverez à la définition du « haricot de mer », plus simplement nommé Salicorne *. C'est une herbe marine qui pousse dans la vase des estuaires. Gonflée de sucs salés, elle est très agréable, mais ce n'est pas une algue (voyez ses racines et même, si petites, ses fleurs).

De même la Criste marine **, qui pousse en limite de marée, sur les rochers où elle mérite son nom de Casse-Pierre. Elle fleurit en ombelles jaune-vert. Enfin, plus subtiles car vivant dans la mer même : les Zostères ***, la « pailleule » des Bretons, qui ressemblent tant à nos graminées terrestres et poussent en véritables prairies.

*Salicorne : *Salicornia herbacea.* Chénopodiacées.
**Criste marine : *Crithmum maritimum.* Ombellifères.
***Zostère : *Zostera marina* et *Zostera noltii.* Graminées.

quand santé et beauté viennent de la Mer

Un peu d'histoire

Tantôt panacée magique, tantôt médecine populaire, les algues marines sont souvent à la base de recettes, dites « de bonne femme », encore jalousement gardées. Ainsi légende et réalité se confondent au même titre que sont indissociables eau de mer et algues, en rapprochement de l'image tonique développée par le triptyque « vitalité, santé, beauté ».

Beauté-tonus, beauté-santé, la cosmétologie marine trouve, de nos jours, sa raison d'être dans l'utilisation des algues à des fins thérapeutiques. Utilisé empiriquement depuis des siècles, le milieu marin a, de tous temps, contribué au maintien de l'équilibre physiologique et à l'esthétique de l'Homme.

Historiquement, il existe peu de documents sur l'utilisation des algues dans l'Antiquité. Virgile et Horace s'accordaient pour déclarer qu'il n'y a « rien de plus vil qu'une algue ». Si, en ces temps reculés, les algues sont fort peu prisées, on se réfère volontiers aux bienfaits de l'eau de mer : Platon, après avoir été guéri par des bains de mer, déclare : « la mer lave tous les maux des hommes... ». Hippocrate, pour en avoir pressenti l'action antibiotique, recommande l'eau de mer chaude ; Pline l'Ancien cite le FUCUS en tant que matière première du rouge à lèvres.

Au moyen-âge, les algues sont essentiellement utilisées à des fins agricoles. Les superstitions de cette époque désignent la mer comme « le royaume du Prince des Vents », c'est à dire le Diable. Aussi, les potions et onguents réalisés avec ces plantes étranges, pour les populations éloignées du littoral, ne peuvent qu'être empreints de magie, voire de sorcellerie. La méfiance est d'autant plus grande que la tradition orale faisait de la mer un univers fantastique qui alimentait les récits des colporteurs et des aventuriers.

Il faut attendre le XVIIIe siècle pour voir la médecine se tourner à nouveau vers la mer. En 1750, un médecin anglais, Richard Russel, utilise officiellement le milieu marin dans un but thérapeutique. A cette époque, les algues sont très employées, notamment pour soigner les maladies de la peau.

Au XIXe siècle, les connaissances relatives aux vertus de l'eau de mer et des algues évoluent rapidement du fait des progrès réalisés par la recherche scientifique.

Vers 1850, Berck n'est encore qu'une bourgade de pêcheurs isolée au milieu des dunes. Au bord de la plage vit une jeune veuve, Marianne Brillard, qui élève, pour le compte de l'Assistance Publique, des enfants trouvés. Certains d'entre eux, atteints de rachitisme ou de scrofule, se trouveront tellement améliorés par leur séjour au bord de la mer, que l'Assistance Publique de Paris décidera de soumettre d'autres enfants au « traitement marin ». En 1861, un premier hôpital est construit en bois, puis, en 1869, un établissement plus important est inauguré par l'Impératrice Eugénie. Cet hôpital « Napoléon », puis « Maritime », verra se joindre aux premiers malades atteints de rachitisme ou de scrofule, de plus en plus de patients souffrant de tuberculose ostéo-articulaire *.

Pour la première fois en France, les enseignements du Docteur Russel étaient appliqués, en ajoutant aux bienfaits des algues et de l'eau de mer ceux de la climatothérapie.

En 1811, B. Courtois, chimiste de l'Empereur, découvre l'iode.

* Berck et ses traitements ; les raisons de sa supériorité A. Maloine, édit., Paris, 1933.
** La mer, milieu organique - R. Quinton, édit., Paris, 1904.

En 1887, le suédois Hensen introduit le terme de « plancton » pour désigner l'ensemble des organismes végétaux ou animaux entraînés passivement par les mouvements de l'eau.

En 1895, le biologiste René Quinton parvient à faire vivre des globules blancs dans l'eau de mer, alors qu'ils périssent dans tout autre milieu artificiel **.

René Quinton prouve alors que la composition chimique de l'eau de mer et celle du milieu intérieur humain sont identiques. En conclusion de ses nombreuses expériences, il écrit : « (...) dans notre organisme, le milieu intérieur, et lui seul, a la même personnalité minérale, et le même faciès marin, que l'eau de mer (...) »

Par la suite, il sera admis qu'avec une telle découverte, René Quinton était en avance de plus de 50 ans sur son époque.

En 1899, le Docteur Louis Bagot, correspondant de R. Quinton, ouvre le premier Institut de Thalassothérapie à Roscoff, où il emploie l'eau de mer chauffée, additionnée d'algues pour traiter les rhumatismes chroniques, l'épuisement nerveux et les troubles de la croissance.

Depuis, chacun a pu apprécier le lien qui unit beauté et santé : l'une étant souvent le reflet de l'autre. Ainsi, on ne peut dissocier l'harmonie de notre esthétique du maintien de notre équilibre physiologique.

IDENTITÉ QUALITATIVE ENTRE
PLASMA* ET EAU DE MER

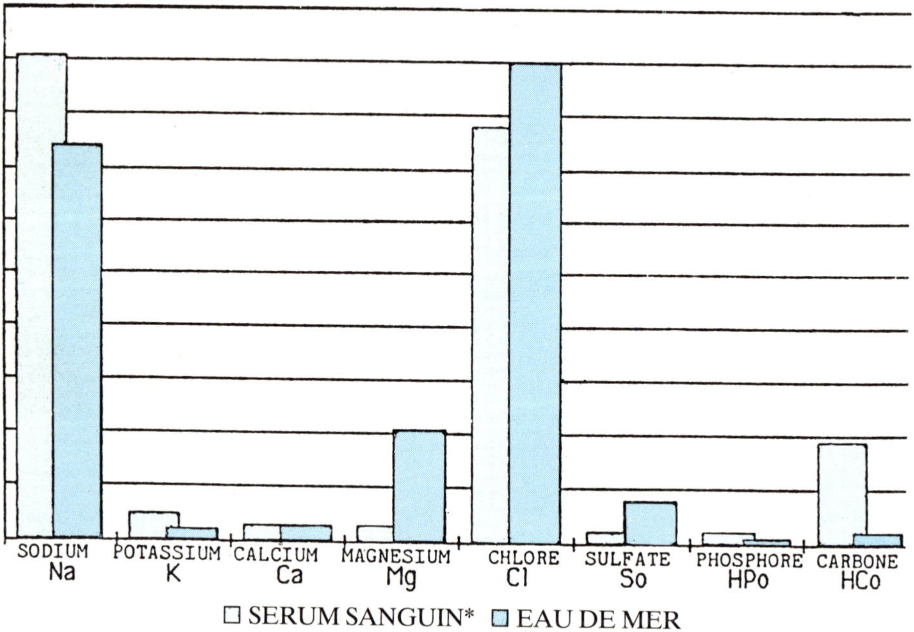

(Thèse de D. Lauture/prof. D. Leroy 76)

* Le sang est composé d'un liquide interstitiel - le plasma - et de globules. Lorsque le sang coagule, il se forme un caillot et un liquide : le sérum.

Les algues et la cosmétologie

POUR LE VISAGE

La tradition ne nous révèle pas le nom de ces algues très fines entrant autrefois dans un mélange employé par les jeunes filles de la côte bretonne comme lait de beauté adoucissant sur leur peau durcie par le hâle.

De nos jours, les algues du type LAMINAIRE et FUCUS entrent sous forme d'extrait dans la composition de produits cosmétiques scientifiquement dosés et destinés, entre autres, aux soins du visage. Tel un « concentré d'eau de mer », les algues marines apportent leurs incroyables richesses aux crèmes et aux lotions afin de mieux nourrir les cellules de la peau par leur action régénérante et hydratante.

La particulière richesse des algues LAMINAIRES et FUCUS en oligo-éléments confère aux produits de beauté qui en contiennent les vertus régénérantes et rééquilibrantes caractéristiques de leur milieu marin originel. Toutefois, l'action de ces produits reste tributaire de la qualité des extraits qu'ils concentrent.

Par ailleurs, on extrait des algues LAMINAIRES une substance gélatineuse appelée alginate. Utilisé comme agent émulsifiant, l'alginate influe sur la texture et l'onctuosité des produits cosmétiques qui en contiennent : crèmes à raser, dentifrices...

Utilisées en masque facial, les algues marines (particulièrement la variété *Laminaria digitata*) sont employées avec succès pour résoudre les problèmes acnéiques. Additionnées de boue marine ou d'argile, les algues exercent une action à la fois désincrustante sur la peau et rééquilibrante sur les sécrétions des glandes sébacées, dont le fonctionnement se normalisera progressivement.

Perdant ainsi leur excès de sébum, les peaux grasses bénéficient d'une véritable nutrition qui permet de lutter contre leur carence vitaminique.

Les pores de la peau dilatés, l'aspect luisant, et de nombreux points noirs, désignent une peau grasse.

Toutefois, il faut tenir compte du fait que bon nombre d'épidermes sont à tendance mixte, c'est-à-dire peau sèche et fragile sur les joues, et grasse

Beauté verte : masque aux algues broyées.

sur l'axe médian (menton, nez, front).

Pour l'entretien quotidien du visage, la tradition bretonne nous transmet une recette dont les principes sont actuellement repris par l'industrie cosmétique. Par contre, le processus reste le même :

Matin et soir, débarrasser la peau de ses impuretés :
- soit avec de l'eau et du savon de Marseille,
- soit avec un savon surgras qui respectera le pH de la peau,
- soit avec un lait démaquillant, même si l'on ne se maquille pas !

Spécialement conçu pour un épiderme adulte, le lait démaquillant permet le nettoyage de la peau en profondeur, sans agression, ni surcharge graisseuse des pores *. Toutefois, il convient d'en éliminer les traces en appliquant, à l'aide d'un coton imprégné, la lotion à base d'algues obtenue de la façon suivante :

Beauté des formes.
(Stipe de laminaire hyperborée).

Lotion de beauté
aux algues marines
(recette)

Il faut 1 litre d'eau froide pour 100 grammes d'algues LAMINAIRES sèches et en morceaux.
Faire macérer les algues dans l'eau froide pendant 2 heures.
Porter cette décoction à ébullition. Dès le premier bouillon, retirer le récipient du réchaud, couvrir et laisser refroidir avant usage.
Utilisée matin et soir, après nettoyage en profondeur du visage, cette décoction vous donnera un teint frais à longueur d'année.

POUR LES DENTS

De nos jours, le dentiste a recours aux alginates : il confectionne une pâte avec de la poudre qu'il humidifie, dont la particularité est de sécher très rapidement. Le moulage ainsi obtenu servira à la réalisation d'une prothèse dentaire.

Une vieille chanson bretonne fait état du sourire d'une Belle qui, autrefois, entretenait sa dentition en mâchonnant à longueur de journée une boulette de goémon, comme on le fait avec du chewing-gum. Doit-on y voir la première pratique de la gomme à mâcher ?

Toujours est-il que la Belle était réputée pour son sourire éblouissant, lorsqu'elle le montrait !

Actuellement, pour suivre l'exemple de la « Belle du Cap », nous disposons de dentifrices à base d'algues et d'eau de mer, ainsi que de soins spécialisés en thalasso-stomatologie.

Les hydrodrainages gingivaux allient le principe de l'action physique de l'eau de mer en drainage circulatoire de la gencive, stimulée lors des soins par l'orientation de jets d'eau de mer tiède sur les gencives, à celui de

* Plus riches en éléments gras, les laits de toilette destinés aux bébés ne sont pas adaptés aux soins quotidiens de l'épiderme adulte.

l'action clinique de l'eau de mer dont les nombreux oligo-éléments pénètrent la muqueuse de façon sélective.

La perméabilité des tissus gingivaux est de 7 à 10 fois supérieure à celle de la peau, ce qui favorise la pénétration des ions : iode, brome, sodium, calcium et magnésium.

Cette thérapeutique concerne essentiellement la gencive : déchaussements dentaires, irritation de la gencive. Utilisé à titre préventif, ce type de traitement facilite la reminéralisation du support (gencive), donc une meilleure attache de la dent.

Cet ensemble de traitements a été mis au point par le Dr Michel Morvan * à l'Institut Marin Rockroum de Roscoff (Finistère), seul établissement de thalassothérapie français à pratiquer cette thérapeutique.

POUR LES CHEVEUX

Les algues brunes étaient utilisées par les femmes des populations côtières, notamment en Bretagne, pour rendre leur chevelure souple et brillante. Pour cela, elles rinçaient leurs cheveux avec une décoction de FUCUS et d'ASCOPHYLLUM.

Le même principe est repris de nos jours par la cosmétologie dans la composition des shampooings aux algues. Les propriétés gainantes et revitalisantes des algues permettent une meilleure tenue de la chevelure, tout en la protégeant contre les poussières et les fumées, qui se fixent moins vite.

Selon les formules mises au point par les fabricants, les algues peuvent effectuer un traitement de fond, non agressif, du cuir chevelu. L'utilisation régulière de spécialités cosmétiques à base d'algues contribue à normaliser les états gras et pelliculaires des cheveux : là encore, il convient de tenir compte de la concentration des produits actifs contenus dans le produit.

Enfin, sur tous les types de cheveux, les shampooings aux algues favorisent le coiffage, assurent le maintien de la coiffure et donnent une brillance persistante à la chevelure.

POUR LE CORPS

Pendant longtemps, les soins du corps furent abordés empiriquement avec les bains de mer et les frictions d'algues marines fraîches : cette méthode garde de nos jours toute sa valeur.

Dix fois plus riches en oligo-éléments que les plantes terrestres, les algues marines exercent une action régénérante sur les organismes fatigués par une mauvaise élimination.

En 1862, le biologiste Duchesne-Duparc s'aperçoit que le FUCUS possède la propriété d'absorber les graisses. Depuis, le FUCUS frais est couramment employé en frictions locales pour éliminer la cellulite.

* Président du groupe de thalassothérapie à la Société française de Thermalisme et de Thalassothérapie bucco-dentaire.

Cataplasmes chauds d'algues broyées.

Comme tout le monde ne peut pas bénéficier, chaque jour, des bienfaits d'algues ramassées au gré des marées, ou tout simplement de bains de mer, en dehors des périodes estivales, nous disposons d'une recette, qui, pour aussi ancienne qu'elle soit, contribue à améliorer les états de surcharge de l'organisme. Pour agir plus activement contre la cellulite, il convient de se frictionner au préalable (cf. bain d'algues).

Cataplasme à base de FUCUS séché
(recette)

Réhydratez une poignée de FUCUS VESICULEUX sec dans un peu d'eau chaude (40°C maximum), et appliquez-le aussitôt sur la partie à traiter.
Enveloppez d'un linge et maintenez la chaleur pendant 15 à 20 minutes.
Pour une manipulation plus aisée, le commerce propose des sachets de toile garnis d'un mélange d'algues marines à forte dominante de FUCUS. Ils ont la propriété de gonfler au contact de l'eau. On les utilise en friction dans un bain plus ou moins chaud, à la convenance de chacun, ou encore sous la douche (voir plus loin).

Le bain d'algues

Les vertus du bain de mer ont longtemps été admises et constatées sans toutefois avoir été démontrées. C'est en 1952 que les travaux des Professeurs Guelfy et Toujas, du C.H.U. de Rennes, apportent la preuve objective de la pénétration ionique d'une application d'algues, tant en balnéothérapie qu'en enveloppement.

L'expérience consiste à plonger un rat dans un concentré d'algues marines pour mesurer la pénétration ionique au travers de la peau.

La conclusion de ces travaux mérite d'être méditée par chacun de nous : ***« (...) les expériences confirment naturellement, chemin faisant, la pénétration percutanée des ions, mais elles***

ajoutent cette notion précieuse que la pénétration se fait d'une manière massive après le bain, et par conséquent, le baigneur a intérêt à ne pas se sécher ou à conserver assez longtemps le contact des algues (...) »*. Nous connaissons désormais la conduite à tenir pour bénéficier pleinement des bienfaits d'un bain d'algues ou simplement après un bain de mer.

NE PAS SE SECHER
APRES UN BAIN D'ALGUES
OU UN BAIN DE MER

Recette d'un bain aux algues

Mettre 1 à 2 poignées de FUCUS VESICULEUX dans un gant de toilette que l'on plongera dans une baignoire remplie d'eau chaude (38°C), après avoir fait fondre 1 à 2 poignées de sel marin.
Frictionner le corps avec le gant de toilette contenant les algues et presser pour diffuser le liquide jaunâtre extrait des algues, dans l'eau du bain. Durée du bain 10 à 15 minutes. En sortant, on absorbera l'humidité sans se frictionner avec la serviette.

* « Etude isotopique de la pénétration des ions marins dans l'organisme immergé, soumis à une application d'algues », J. Guelfy et J.P. Toujas - Faculté de Médecine de Rennes - 1952.

Les bienfaits des bains d'algues

Stimulant les fonctions éliminatrices de l'organisme, le bain aux algues marines contribue à lutter contre les effets indésirables de notre civilisation (pollution, stress, fatigue, mauvaise hygiène de vie...).

C'est un bain d'imprégnation par excellence. Il exerce une action défatiguante et reminéralisante.

Sauf contre-indication, le bain d'algues, selon la température, la fréquence et la durée, est bénéfique pour tous au même titre qu'un bain de mer, notamment pour :
- les enfants, dont il favorise le développement général et la croissance ;
- les sportifs : le bain d'algues prépare à l'effort par ses effets stimulants ; après l'effort, il favorise la détente musculaire grâce à son action revitalisante.

En principe, la question des bains de mer ne devrait pas se poser pour les riverains des zones littorales. Par contre, les populations éloignées des côtes associent le bain de mer à une activité de loisir et de détente saisonnière. La sensation de bien-être qui en découle n'en est pas moins appréciée.

De plus, été comme hiver, les embruns chargés d'algues microscopiques agissent sur les voies respiratoires et l'organisme. C'est pourquoi, quelle que soit la saison, les promenades en bord de mer ont les vertus bénéfiques des séances d'aérosol.

Plus on s'éloigne des côtes, moins l'iode est présent dans l'atmosphère environnante. Aussi, les bains d'algues, par leur concentration en oligo-éléments et sels minéraux, constituent-ils un palliatif très appréciable pour l'organisme des populations continentales.

Grâce à leur exceptionnelle concentration en éléments vitaux pour les cellules, les algues marines exercent une fonction rééquilibrante sur l'organisme. Il convient de rappeler que l'on trouve ***autant d'iode dans 1 kilogramme d'algues fraîches que dans 10000 litres d'eau de mer.*** D'autre part, les algues brunes du type *Laminaria digitata* concentrent ***10 fois plus d'iode que les Fucus,*** beaucoup mieux connus parce que plus facilement accessibles aux pêcheurs.

MODE D'ACTION DU BAIN D'ALGUES

Sous l'effet de la température de l'eau (37-38° C), les pores de la peau se dilatent. Par osmose, il s'opère un échange entre les sels minéraux, vitamines et oligo-éléments contenus dans les algues du bain, et l'organisme qui se libère de ses toxines. Ainsi « rechargé », vous retrouverez vitalité, santé et harmonie, autant de facteurs favorables à l'épanouissement de la beauté.

En dehors de tout contexte clinique, le bain d'algues pratiqué régulièrement (1 à 2 fois par semaine, au maximum), permet de lutter efficacement contre le stress, la fatigue, la surcharge pondérale, le surmenage intellectuel ou physique ...

CONTRE-INDICATIONS DU BAIN D'ALGUES

Il convient de ne pas prendre de bain d'algues dans les cas suivants : certains types d'allergie à l'iode *(hyperthyroïdie)* et d'hypertension, *insuffisance cardiaque,* varices, rhumatismes en phase évolutive, *états infectieux de toutes natures* (accompagnés ou non de fièvre).

Le bain élève la température du corps, accélère le rythme cardiaque et active le flux sanguin. De plus, la présence d'algues dans le bain entraîne une stimulation supplémentaire qu'un organisme défaillant ne pourrait pas supporter.

Le bain d'algues est un excellent complément thérapeutique. Toutefois, si vous êtes en cours de traitement médical, il est ***indispensable de prendre conseil auprès de votre médecin traitant.*** Ce dernier est seul compétent pour juger du moment opportun à l'utilisation du bain d'algues en adjuvant à la thérapie prescrite.

Mode d'emploi du bain d'algues

Pour donner pleinement les résultats qu'on en attend, le bain d'algues doit satisfaire à un processus rigoureux qui comporte 3 phases :
- avant (préparatifs) ;
- pendant (bain et consignes pour la sortie) ;
- après (relaxation indispensable).

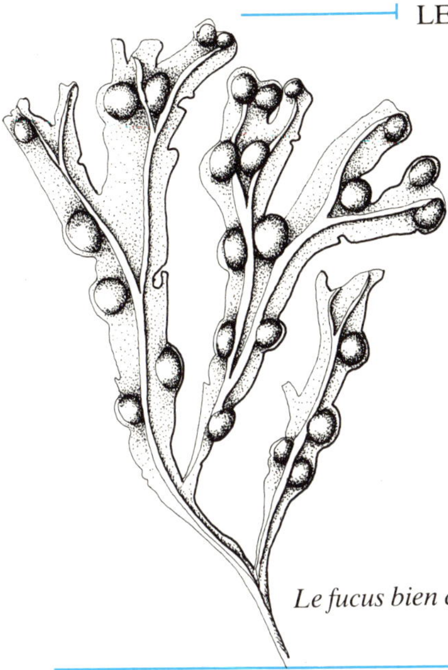

Le fucus bien connu.

AVANT LE BAIN

Débarrasser la peau des cellules mortes et du sébum accumulés en surface.

Pour cela, il faut :
- frictionner le corps et les membres avec un gant de crin sec. A défaut, un gant de toilette sec, préalablement lavé en eau « dure » sans rinçage assouplissant, fait très bien l'affaire. (Cette formule convient parfaitement aux épidermes délicats).
- savonner avec un savon acide qui respecte le pH de la peau et n'entraîne pas de réaction de défense. En effet, la peau est acide (pH de 5,5) ; le contact avec un savon alcalin provoque une réaction de défense de la peau et entraîne la fermeture des pores pour une durée de 3 heures : tous les soins effectués pendant ce temps seraient alors inefficaces.

PENDANT LE BAIN

Afin d'éviter tout phénomène de thermocution - indisposition relative au contact brutal avec un bain de température élevée - il est important d'entrer dans un bain à température modérée 34-35° C. puis d'élever lentement la tempérérature de l'eau en faisant couler de l'eau chaude.

L'achat d'un thermomètre à bain est un bon investissement, car la sensibilité thermique de la main ne correspond pas toujours à celle du corps et rend l'évaluation de la température du bain tout à fait imprécise.

Il convient de noter qu'un bain est considéré comme chaud à partir de 36°C. Il ne doit pas excéder 40°C, si l'on ne veut pas détruire les principes actifs des algues contenues dans le bain et ne pas fatiguer l'organisme.

Les premiers bains d'algues doivent être de courte durée et ne pas dépasser 10 minutes. Par la suite, il sera possible de les prolonger jusqu'à 20 minutes mais PAS AU-DELA. Une immersion trop longue risquerait d'entraîner une fatigue nerveuse de l'organisme ainsi qu'un relâchement des tissus.

Il n'est pas nécessaire de mettre une grosse quantité d'algues dans un bain pour le rendre plus actif : l'organisme ne prendra que ce dont il a besoin, le surplus serait en pure perte. De même, la quantité de sel marin ajoutée ne doit pas être excessive (pas plus de deux poignées pour une baignoire de 100 litres) afin de ne pas endommager l'épiderme. L'apport de sel est inutile si le « bain d'algues » en contient.

APRES LE BAIN

Une rapide douche fraîche, notamment sur les jambes, les cuisses, le ventre et les seins a une action raffermissante. Il faut simplement s'éponger, et surtout éviter toute friction qui pourrait éliminer les microparticules d'algues déposées sur la peau, par le bain. Elles recouvrent la peau d'une pellicule invisible qui procure une agréable sensation de douceur.

Enfin, il est absolument nécessaire d'observer un temps de repos au moins égal à celui du bain :
1) pour permettre au rythme cardiaque de reprendre sa fréquence normale ;
2) pour favoriser la régulation de la sudation stimulée lors du bain. Durant ce temps, il est important d'être enveloppé dans un peignoir et allongé chaudement couvert.

Mémento

Pour qu'un bain d'algues soit efficace, il faut :
- qu'il soit chaud : 34°C en entrant dans l'eau puis, progressivement, jusqu'à 38°C.
- qu'il soit actif : la nature de l'extrait d'algues employé déterminera la concentration en éléments actifs restitués dans le bain. L'extrait liquide, pourvu que le mode d'extraction soit le plus naturel possible, demeure une formule acceptable, toutefois, je reste très favorable à l'extrait en poudre micro-éclatée qui bénéficie plus souvent de garanties de naturel. Il convient de protéger cette poudre de l'humidité, c'est pourquoi la formule du sachet-dose individuel offre l'avantage de contenir une poudre d'algue quasi impalpable additionnée de sel marin pulvérisé qui favorise la dilution et la pénétration rapide des oligo-éléments qu'elle concentre.

LES HUILES ESSENTIELLES ET LES ALGUES MARINES

On peut ajouter au bain d'algues marines des essences aromatiques d'origine végétale appelées également huiles essentielles. On les obtient par divers procédés parmi lesquels la distillation reste le plus naturel : les principes volatils des plantes à essence sont entraînés dans les serpentins reliés à de vastes alambics qui contiennent les plantes fraîches : fleurs, fruits, graines ou écorces.

Associées à un extrait d'algues marines, les huiles essentielles pénètrent dans le sang au cours de la première demi-heure tandis que la pénétration

de l'iode est plus progressive et sa diffusion se poursuit pendant 24 heures.

Parmi les nombreux extraits de végétaux terrestres susceptibles d'orienter le bain d'algues marines vers une action spécifique, nous citerons :
- la cannelle, aux vertus stimulantes, antiseptiques et antiparasitaires ;
- le romarin, stimulant, tonifiant, fortifiant et cicatrisant ;
- la sauge, tonifiante, astringente, cicatrisante et antiseptique.

De nombreuses marques de produits cosmétiques offrent ce type de mélange dans une large gamme qui s'étend des soins du visage à ceux des cheveux et du corps. Sans mettre en cause la qualité de ces produits, il est difficile de mesurer l'effet synergique réel des huiles essentielles et des extraits d'algues employés.

Toujours est-il que les odorats indisposés par les émanations iodées, se trouvent flattés par les senteurs des extraits de plantes ajoutés dans un produit à base d'algues : la fleur d'oranger, le romarin ou la menthe apportent leur parfum dans un bon nombre de produits auxquels ils confèrent leurs propriétés respectives : calmante, stimulante ou tonifiante.

LES ALGUES EMPLOYEES POUR LE BAIN

Si l'on s'appuie sur le principe du bain de mer, toutes les algues marines conviennent pour le bain. Sélectionnez les variétés les mieux adaptées pour enrichir un bain d'eau douce.

Choisissez trois variétés d'algues brunes, d'ailleurs couramment proposées à l'usage du bain : FUCUS, ASCOPHYLLUM, LAMINAIRES.

Ces trois algues marines sont réputées pour leur forte concentration en sels minéraux, vitamines et oligo-éléments.

Fortement concentrés par les algues marines, les ions négatifs (chlore, iode et brome) et les ions positifs (sodium, calcium et potassium) ont un effet sur la perméabilité de la peau et la pression osmotique dans les cellules. Ceci explique les bienfaits constatés lors de l'utilisation régulière de produits cosmétiques à base d'algues. Il convient, cependant, d'émettre quelques réserves pour ce qui concerne le taux d'assimilation de ces éléments par l'organisme.

D'autres éléments agissent favorablement sur le fonctionnement de notre organisme : cuivre, zinc, cobalt, strontium, lithium, manganèse ..., et nous sont apportés par les algues marines.

Pêchée par 10 mètres de fond, la *Laminaria digitata* est une variété d'algue brune très appréciée par les professionnels de la beauté et de la santé pour sa forte concentration minérale (cf. tableau p. 40)

Moins concentré en éléments minéraux, le FUCUS VESICULEUX est une espèce d'algue brune d'accès plus facile pour le promeneur du bord de mer. C'est une algue de faible profondeur, souvent découverte à marée basse, ce qui en facilite la récolte.

Bien sûr, vous pouvez faire votre

Le fucus est couramment employé pour les bains d'algues.

▽

propre cueillette d'algues, en prenant quelques précautions (cf. p. 14), mais réservez-en l'usage cosmétique au bain et aux frictions des membres et du corps. Pour des soins cosmétiques plus délicats, le visage par exemple, employez des préparations cosmétiques élaborées par les laboratoires. Ces derniers doivent soumettre leurs fabrications à des contrôles : dépistage de germes pathogènes et détermination des indices d'irritation. Et des tests d'efficacité apportent une garantie supplémentaire au consommateur.

Les préparations cosmétiques aux algues

Avant de développer les principes qui permettront à chacun de sélectionner les produits de cosmétologie marine susceptibles de lui convenir, il est nécessaire de connaître le cheminement de l'algue depuis sa récolte jusqu'au pot de crème de soins, au shampooing ou au bain.

Le traitement industriel des algues comporte plusieurs spécialités qui seront décrites dans les pages suivantes : le séchage à l'air, la lyophilisation, le cryo-micro-broyage (brevet Goëmar), le micro-éclatage (brevet Thalgo-B.L.C.).

L'EXPLOITATION INDUSTRIELLE DES ALGUES MARINES

Les champs d'algues, et particulièrement les champs de LAMINAIRES, bordent la côte nord du Finistère, c'est pourquoi d'importantes industries de transformation des algues se trouvent implantées dans ce département.

En 1985, 62000 tonnes de LAMINAIRES ont été traitées et récoltées par 80 pêcheurs à bord de bateaux à fond plat, d'une longueur de 8 à 12 mètres et spécialement équipés pour le ramassage des algues.

A bord de chaque bateau, deux hommes manipulent un bras hydraulique muni d'un dispositif appelé « scoubidou », créé spécialement pour la récolte des algues par arrachage, en 1970. Cette méthode respecte l'équilibre de la flore marine, car elle permet aux jeunes pousses de mieux se développer. La récolte des algues varie entre 10 et 35 tonnes de LAMINAIRES par marée. Ensuite, les algues sont transférées vers les usines pour y être transformées dans les 48 heures.

LE TRAITEMENT INDUSTRIEL DES ALGUES

Le développement de la recherche et des techniques permet de retenir divers procédés de traitement des algues :

Le séchage à l'air

Les algues contiennent 80% d'eau de mer. Le séchage à l'air libre est aléatoire à cause de l'humidité ambiante plus ou moins importante selon les saisons ; il faut donc parfois recourir à des fours. Si la chaleur des fours dépasse 40°C, la majeure partie des éléments actifs de l'algue se trouvent détruits. Toutefois, ce procédé, s'il ne répond pas parfaitement aux exigences de la cosmétologie, convient parfaitement pour le secteur agro-alimentaire.

La lyophilisation

Il s'agit d'un processus de déshydratation des algues à basse température et sous vide. Le produit sec est ensuite broyé à différents degrés de finesse. L'extrait obtenu par lyophilisation permet de conserver, durant des mois, les éléments concentrés par les algues. C'est un extrait particulièrement apprécié par les professionnels de l'esthétique.

Le cryo-micro-broyage (Brevet GOEMAR)

Ce procédé, assez récent, fait appel à deux techniques intermédiaires pour obtenir un extrait sous la forme d'une bouillie verte. Après lavage à l'eau douce, les algues sont surgelées en plaques à -25°C. Puis, elles sont stockées en chambre de congélation à -20°C.

Le cryo-broyage s'effectue à une température constante de -40 à -70°C, et donne un extrait pâteux qui parviendra à une texture plus fluide après le micro-broyage qui se fait à une température n'excédant pas -18°C.

La bouillie verte ainsi obtenue sera directement utilisable, en cosmétologie comme en thalassothérapie.

A partir d'algues cryobroyées et brassées : la pâte fondamentale des produits Goëmar.

Le micro-éclatage (Brevet Thalgo-BLC)

Ce procédé permet d'obtenir une poudre constituée de cellules d'algues éclatées, c'est-à-dire que l'enveloppe cellulaire a été brisée pour libérer les constituants cellulaires (oligo-éléments, vitamines, ...).

Le traitement de l'algue commence par le dessablage et l'élimination des éléments étrangers (cailloux, petits mollusques, etc.). Le séchage se fait à basse température dans des tunnels où les algues subissent un brassage rotatif. Après une phase de pré-broyage, les algues sont mises en suspension homogène dans un courant gazeux qui les soumet à des influx de compression et de décompression, pulvérisant ainsi la cellule de l'algue.

L'extrait ainsi obtenu se présente sous la forme d'une poudre quasiment impalpable, 100% naturelle.

La granulométrie particulièrement fine de cette poudre (environ 40 microns) en fait un produit à action immédiate, apprécié par les professionnels de la beauté et de la santé.

Une grande partie des principes actifs reste protégée par la solide membrane de l'algue. *Lorsqu'elle est fragmentée, cette enveloppe, insoluble dans l'eau, libère les oligo-éléments* qu'elle concentre, *proportionnellement à la finesse de son broyage.* Ainsi, pour bénéficier d'une grande quantité d'éléments actifs contenus dans les algues, il faut une granulométrie la plus fine possible.

Les algues micro-éclatées permettent le contact immédiat et quasi intégral des composés biochimiques et des oligo-éléments avec l'épiderme. L'expérience des Professeurs Guelfy et Toujas de Rennes, cités précédemment, le prouve.

Les extraits liquides

Les extraits d'algues sont obtenus soit à partir d'algues fraîches, soit à partir de poudres. Pour obtenir des extraits liquides, divers solvants sont employés : eau, glycérine, alcool éthylique ou encore propylène-glycol.

Pendant une période qui s'étend de quelques heures pour les algues fraîches, à plusieurs semaines pour les algues sèches, la macération permet d'extraire les principes actifs de l'algue. N'ayant rien de comparable avec le procédé de distillation appliqué aux plantes terrestres, le principe de concentration obtenu sur un support propylène-glycol ne doit sa consistance huileuse qu'au produit dans lequel l'algue a macéré. Il convient donc de mettre le consommateur en garde contre des interprétations abusives évoquant « l'huile essentielle d'algue » et le « distillat » d'algue.

Un grand pas vient d'être franchi en matière d'extraction liquide, avec le « cytofiltrat » ou liquide intra-cellulaire de l'algue, obtenu sous ambiance stérile par les Laboratoires Goëmar. Ce procédé breveté permet de conserver intactes les propriétés des algues et donne un produit régénérant dont l'activité a été testée et mesurée. Sa simplicité d'emploi permet de compléter activement les soins de l'esthéticienne.

COSMETOLOGIE MARINE : QUI FAIT QUOI ?

Devant la multitude des marques et des présentations, le consommateur se trouve désemparé parce qu'il manque d'informations de fond pour choisir un produit en connaissance de cause.

Soucieux de ne pas nous égarer dans les méandres de la distribution, nous ne citerons que des laboratoires spécialisés à la fois dans la transformation des algues et la cosmétologie marine.

Du fait de leur collaboration étroite avec les unités de recherche scientifique, la qualité de leurs formules est le reflet de la haute technologie dont ils bénéficient.

Ils fournissent également des matières premières (ou extraits d'algues) et des produits finis à base d'algues à d'autres laboratoires de cosmétologie désireux d'élargir les gammes qu'ils commercialisent.

Nous épargnerons au lecteur la consultation d'une longue liste de marques. Par contre, nous lui indiquons les 3 catégories d'industries spécialisées dans la transformation des algues, à des fins spécifiques :

1) Les usines de traitement des algues (usage industriel) :
- Groupe Mero-Rousselot-SATIA (Filiale du groupe SANOFI) :
• Usine de Lannilis (Finistère) : production d'alginates
• Usine de Baupte (Manche) : production de carraghénones.
- Sobalg (Groupe Grinsted)
• Usine à Landerneau (Finistère) production d'alginates.

2) Les manufactures de produits cosmétiques à base d'algues (extraction de matières premières à base d'algues, création de lignes cosmétiques) :

Une recherche de pointe : soins du corps et de la peau par les algues (Laboratoire Goëmar).

• Laboratoires Goëmar - Saint-Malo (Ille et Vilaine) :
Extraits : cytofiltrats d'algues marines, crème d'algues (Brevet Goëmar) :
Marques commerciales : Tonialg et Florimar.

• Laboratoires Thalgo-BLC, Roquebrune S/Argens :
Extrait : micro-éclatage des algues (Brevet BLC).
Marque commerciale : Thalgo cosmétiques.

3) Productions spécifiques à base d'algues :

• Laboratoire Algomer Perros-Guirec (Côtes-du-Nord) :
Dentifrice aux algues (Marque Algodentyl).

• Laboratoires Sciences et Mer, Brest (Finistère).
Cataplasme à base d'algues micro-éclatées prêt à l'emploi.

Cette liste, loin d'être exhaustive, représente les partenaires sélectionnés par le Centre Info-Mer.

QUELS PRODUITS EMPLOYER ?

Pour le visage :

Crèmes traitantes : leurs effets revitalisants, régénérants en font des produits très actifs en soin du soir. Toutefois, il faut noter que bon nombre de crèmes traitantes peuvent également s'utiliser le jour et même sous le maquillage, sans incidence sur ce dernier.

Ampoules : utilisées en alternance avec les crèmes traitantes, les ampoules contiennent des concentrés d'algues microscopiques en suspension dans un liquide physiologiquement identique au milieu marin où elles se développent. Ces extraits « vivants » stimulent la régénération des cellules et la vitalité des tissus.

Masques : déjà utilisés par les élégantes de l'Antiquité. Moment magique s'il en est, le « moment masque » doit être avant tout un « moment détente » absolument intemporel.

Cette condition impérative permettra au masque d'effectuer son « miracle ».

L'effet régulateur et désincrustant des masques à base d'algues marines permet d'entretenir un teint clair et une peau saine. On les trouve dans le commerce sous forme de préparations en tube ou en pot (cette dernière présentation a souvent l'inconvénient d'entraîner la dessiccation rapide du produit).

Enveloppement corporel aux algues chez soi

- Mélanger 100 grammes d'algues micro-éclatées ou en poudre que l'on trouve chez le pharmacien, ou chez l'esthéticienne, et parfois en boutique diététique, à environ 30 cl d'eau chaude (40°C maximum). On obtient alors une pâte de la consistance d'une bouillie épaisse.
- Laisser gonfler quelques minutes en maintenant au chaud dans un bain-marie. Pendant ce temps, frictionner avec un gant de crin la partie du corps destinée à recevoir l'enveloppement. Puis appliquer le mélange.
- Recouvrir de papier absorbant, puis d'une feuille de plastique et rester à proximité d'une source de chaleur, ou bien se couvrir chaudement, avec une ou plusieurs couvertures de laine par exemple. Garder cet enveloppement pendant 20 à 25 minutes. Cette bouillie d'algues s'élimine par un simple rinçage sous la douche, à l'eau tiède, en évitant, comme pour le bain, toute friction énergique lors du séchage.

En cabine esthétique, les esthéticiennes disposent de masques en poudre qu'elles reconstituent au fur et à mesure de l'emploi.

Pour le corps :

Nous avons vu les effets bénéfiques du bain d'algues que l'on peut associer à des applications d'algues sous forme d'enveloppements. Elles permettent de lutter efficacement contre la cellulite. L'enveloppement d'algues pratiqué en alternance avec le bain d'algues permet d'obtenir d'excellents résultats.

On pourra confier cette délicate mission à l'esthéticienne en institut de beauté. Ou bien, allongée, chaudement couverte, dans la pénombre, il vous sera possible de réunir ces conditions tout à fait acceptables à un moment privilégié que vous vous consacrerez chez vous. Un bain relaxant, aux algues, sera un excellent préalable, de même qu'une musique douce favorisera une détente complète. On trouvera dans le commerce des algues en poudre destinées aux enveloppements.

L'application quotidienne d'une crème amincissante à base d'algues sera un excellent complément pour lutter contre les centimètres en trop.

Les algues dans les centres de thalassothérapie

Partant d'une étymologie grecque (thalassa = mer), le terme thalassothérapie a été inventé en 1867 par le Docteur de la Bonnardière, originaire d'Arcachon.

Il s'agissait alors de désigner un mode de soins pratiqué de façon empirique depuis des siècles en Europe et que le Ministère de la Santé a défini en ces termes : « Exploitation à des fins curatives de l'eau de mer, de l'air et du climat marins. » Utilisant l'eau de mer et ses dérivés (algues, boues marines, climat et air marins), les traitements appliqués dans les centres de thalassothérapie, agréés par la Sécurité Sociale, sont effectués sous le contrôle de médecins spécialisés.

Le but des soins en milieu marin est de recharger l'organisme en oligo-éléments : démarche bien souvent préconisée par la médecine moderne. Pour cela, on a recours à deux formules :

LES SOINS INTERNES

Etroitement liés au climat marin, ils sont destinés à améliorer les affections du nez, de la gorge et des bronches. Que ce soit sous forme d'embruns ou d'aérosols, les fines gouttelettes d'eau de mer chargées d'algues microscopiques agissent efficacement sur les états d'origine allergique, par exemple l'asthme.

LES SOINS EXTERNES

Traditionnellement, la thalassothérapie allie l'utilisation de l'eau de mer chauffée (30°C environ) à l'effet sédatif des algues. Les soins de base comportent :
- une part importante d'hydrothérapie ou balnéo-kinésithérapie,
- l'algothérapie, application d'un broyat d'algues micro-éclatées, chauffées à 40°C sur la partie à traiter permet d'obtenir une rapide amélioration des rhumatismes. L'association chaleur + oligo-éléments concentrés dans un cataplasme d'algues en poudre ou micro-broyées exerce un effet anti-douleur et sédatif, grâce à une pénétration ionique sélective.

Quelques centres de thalassothérapie pratiquent l'application d'une pâte d'algues sur l'intégralité du corps : cela permet d'obtenir un effet thermique global.

THALASSOTHERAPIE, MODE D'EMPLOI

Tout curiste en puissance se doit de connaître les modalités préalables à une cure de thalassothérapie : ses indications, les modalités et ses contre-indications.

Se confier aux spécialistes.

Indications :

- Rhumatismes articulaires, inflammatoires et dégénératifs.
- Séquelles d'accidents, suites opératoires, fractures, entorses, luxations.
- Troubles de la statique vertébrale, entre autres : scoliose, cyphose,...
- Retard de croissance.
- Séquelles neuromusculaires de la poliomyélite, des hémiplégies et paraplégies.
- Obésité, goutte, cellulite.
- Surmenage, nervosisme, insomnie.
- Déséquilibre psychosomatique.

Rééducation en eau de mer chauffée dans la piscine de Rock'roum.

Modalités :

Le certificat médical établi par le médecin traitant doit indiquer la prescription suivante :
- « X... jours de soins en milieu marin, comprenant : massage, rééducation en salle ou piscine, etc. »
- les raisons de la prescription (la ou les régions à traiter doivent être indiquées avec précision.

Au moins deux semaines avant la cure, le curiste devra adresser cette ordonnance à l'établissement de thalassothérapie de son choix. Là, les actes médicaux -AMM- seront codifiés sur un imprimé d'entente préalable. (C'est le montant de ces AMM qui donnera lieu à un remboursement). Ce dossier complété sera retourné au curiste qui devra l'envoyer à la Caisse de Sécurité Sociale. S'il n'y a pas eu notification d'acceptation ou de refus dans les 10 jours, l'accord est considéré comme acquis. Il convient de savoir que la demande d'entente préalable peut être faite à tout moment de l'année et qu'elle reste applicable sans limite de date.

Contre-indications : se reporter à la page 46.

Où s'adresser ?

La disparité des centres de soins marins qui essaiment le long des côtes françaises et étrangères embarrasse fortement le curiste potentiel lors de son choix.

A titre indicatif, nous citerons quelques organismes qui structurent l'information sur la thalassothérapie :

- La Société Internationale de Thalassothérapie.
- La Fédération Mer et Santé qui regroupe les médecins en fonction dans les centres de thalassothérapie agréé par la Sécurité Sociale.
- L'association Thalasso-Bretagne installée à la Mairie de Roscoff (29211), qui rappelle les origines et l'identité de la thalassothérapie.

Elle regroupé les centres de thalassothérapie installés sur les côtes bretonnes et agréés par la Sécurité Sociale.

Par ailleurs, d'autres structures d'information ont été créées :

- La Maison de la Thalassothérapie, à Paris, qui renseigne sur tous les autres centres de thalassothérapie français, au 128 av. Malakoff 75015 Paris - Tél. (1) (45.00.41.04).

- Le centre Info-Mer, qui offre à ses adhérents :

• un service d'informations techniques, scientifiques et médicales sur le milieu marin, ses applications et les produits manufacturés à base d'algues marines ;

• des stages de formation continue sur les thérapeutiques marines (à Roscoff - Finistère). Renseignements et inscriptions : 81 bis, rue Blomet 75015 Paris - Tél. (1) (45.32.48.74).

Les algues alimentaires

Propos diététiques du Docteur

Contribution gracieuse du Dr Françoise Bonne

LES ALGUES, ALIMENTS BASSES CALORIES

Composition des algues

Si les algues étaient autrefois peu appréciées, c'est sans doute en raison de leur faible teneur en calories. C'est, paradoxalement, l'une des raisons pour lesquelles elles sont recherchées actuellement.

En effet, mode de vie et alimentation se sont considérablement modifiés. Autrefois, la vie active nécessitait l'absorption d'une quantité de calories bien supérieure à celle qui suffit à notre vie sédentaire. Nous avons besoin de moitié moins de calories environ. Par ailleurs, un léger embonpoint était synonyme, il n'y a pas si longtemps, de bonne santé. Maintenant, on sait que l'obésité est un facteur de risque pour la santé. Le monde moderne a en effet découvert avec horreur qu'une fois les maladies de carence et les conséquences d'une nourriture insuffisante évitées, il pouvait y avoir un mal du trop manger.

L'attrait pour des plats « basses calories » est croissant car l'on ne saurait se priver du plaisir de manger. Les alginates extraits du FUCUS, et on les sépare, pour les besoins de l'industrie pharmaceutique, des autres constituants ; en effet, cette algue, qui n'est pas alimentaire car trop coriace, serait trop riche en iode pour un usage quotidien.

Les algues sont riches en protéines, plus ou moins selon les variétés. On ne connaît pas bien la composition de ces protéines en acides aminés. Or, huit acides aminés sont considérés comme essentiels pour l'organisme humain, qui ne peut les synthétiser. Les aliments les plus complets, en ce qui concerne les protéines, sont les produits d'origine animale. Malheureusement, ce sont aussi des aliments souvent très gras, et dont les graisses, dites « saturées », peuvent être nuisibles à la santé, sauf pour le poisson dont les graisses auraient un effet protecteur vis à vis de la pathologie cardio-vasculaire.

Les algues contiennent des sucres en quantité importante mais de nature très particulière : il s'agit de mucilages.

Ce sont des sucres complexes, qui ont la propriété de gonfler dans l'eau. Ces sucres ne sont pratiquement pas assimilés par l'organisme. Par consé-

Vert intense des cheveux de mer au printemps.

quent, la consommation d'algues sera permise aux diabétiques.

Les propriétés de ces sucres sont très appréciées : ils sont utilisés dans l'industrie alimentaire comme gélifiant et par les laboratoires pharmaceutiques, comme laxatifs doux. En effet, les mucilages, à condition d'être absorbés avec une grande quantité d'eau, augmentent le poids des selles et facilitent le transit intestinal. C'est un moyen efficace, simple et dépourvu de toxicité pour lutter contre la constipation. Leur usage permet de pallier le manque de fibres végétales de l'alimentation moderne.

On utilise particulièrement les mucigues ont donc déjà un premier avantage : elles sont peu caloriques. Mais ce n'est pas leur seul intérêt. Elles sont pauvres en lipides moins de 5 %, comme d'ailleurs beaucoup de fruits et de légumes verts.

Les lipides ou graisses sont des nutriments très caloriques : 9 calories par gramme. Leur consommation en excès est à l'origine de l'augmentation de la fréquence des maladies cardio-vasculaires dans les pays industrialisés. La consommation de graisses a augmenté de 20% ces dernières années, ce qui est néfaste pour l'organisme, même lorsque la ration calorique n'est pas excessive.

La consommation de sucre est aussi croissante, et particulièrement de sucres d'absorption rapide, comme le sucre blanc, alors que la consommation de féculents, sucres d'absorption lente, a tendance à diminuer. L'excès de sucre favorise la survenue de diabètes de l'âge adulte.

Pour cette raison, et aussi dans le but de résoudre le problème de la faim dans le monde, les protéines végétales connaissent un regain d'intérêt et de nombreuses recherches sont en cours pour tenter de réaliser le fameux « steack végétal ».

LES ALGUES : DES CONCENTRES D'EAU DE MER

Le principal intérêt des algues réside dans le fait qu'elles sont capables de concentrer dans leurs tissus les sels minéraux et les oligo-éléments de la mer.

L'eau de mer contient les mêmes minéraux et oligo-éléments que notre sang, à des concentrations cependant différentes. Cette constatation a permis d'appuyer les théories évolutionnistes affirmant que toutes les espèces vivantes descendent des premiers êtres vivants apparus dans la mer. Cette propriété de l'eau de mer est utilisée dans des produits à usage médicinal.

Les algues sont-elles vraiment des concentrés d'eau de mer ? En fait, elles sont riches en sels minéraux et en oligo-éléments, mais à des concentrations variables selon les espèces. De telle sorte que l'on trouvera des algues particulièrement riches en calcium, en fer ou en iode, etc.

Par conséquent, il ne faut pas consommer des algues de façon aveugle en croyant disposer de tous les sels minéraux qui nous sont nécessaires, mais apprécier le rôle de chacun et choisir les algues qui correspondent le plus à nos besoins propres.

En effet, les carences en sels minéraux et en oligo-éléments sont fréquentes car les engrais utilisés pour la fertilisation des sols appauvrissent les produits alimentaires en certains minéraux. Par ailleurs, notre alimentation est trop raffinée, trop purifiée, au détriment de nombreux oligo-éléments.

PRINCIPAUX MINERAUX

Les sels minéraux sont des éléments présents à doses relativement importantes, qui jouent un rôle de structure dans l'organisme humain.

Le calcium

90% du calcium est dans le squelette, sous forme de phosphate tricalcique. Les besoins quotidiens sont importants, l'os étant en renouvellement constant. Par ailleurs, le calcium joue un rôle important dans les échanges membranaires permettant la contraction musculaire, y compris celle du muscle cardiaque, par échange avec l'ion magnésium.

Les besoins sont de l'ordre de 800 mg par jour. Cependant, tout le calcium présent dans l'alimentation n'est pas entièrement absorbé, une partie se retrouve dans les selles. Les aliments riches en calcium sont les laitages, et les fruits et légumes. Des carences d'origine alimentaire sont possibles et certaines algues particulièrement riches en calcium peuvent être utiles aux personnes qui ne digèrent pas le lait, ainsi qu'aux « végétaliens * »

Ce sont en particulier les algues IZIKI, WAKAME et CHEVEUX DE MER.

* Qui ne consomment aucun produit d'origine animale.

Le magnésium

Il joue un rôle important dans la régulation neuromusculaire. L'alimentation est souvent déficiente en cet élément, d'autant plus que les aliments riches en magnésium connaissent une baisse de consommation en raison de leur richesse en calories : fruits secs, chocolat, céréales complètes. Bien que, parallèlement, une consommation accrue de pâtisseries ait pu être démontrée !

La spasmophilie, dont on parle beaucoup, est un fléau du monde moderne. Cette maladie est de définition récente et n'existe que dans les pays industrialisés. Elle est due à une carence soit en calcium, soit en magnésium, soit en certains oligo-éléments, en raison d'un apport insuffisant ou d'une consommation excessive de ces éléments, par nervosité, lors de situations stressantes. Certaines algues permettent un apport en magnésium satisfaisant sans augmenter de beaucoup la ration calorique : NORI, WAKAME, LAITUE DE MER.

Le fer

Le fer est un composant important de l'hémoglobine, une protéine présente dans les globules rouges et permettant les échanges de gaz carbonique et d'oxygène. Une carence en fer provoque une anémie. Toute perte de sang entraîne également une déperdition de fer. Il existe un stock de cet élément dans le foie. Les carences en fer sont fréquentes chez les gens dénutris et chez les sujets âgés. Algues riches en fer : CHEVEUX DE MER, LAITUE DE MER.

Le phosphore

Il est associé au calcium dans l'os, et joue un rôle dans l'activité cérébrale. Sa régulation par un système hormonal est liée à celle du calcium, ces deux éléments devant être présents dans des proportions optima. Algues riches en phosphore : NORI, FOUET DE SORCIER.

Le sodium et le potassium

Leurs rôles sont indissociables. Le potassium doit rester stable dans le sang, toute variation importante entraînant des troubles cardiaques. Le potassium aurait un rôle protecteur pour le cœur. Les principales sources alimentaires sont les fruits et les légumes, mais les algues sont une autre source intéressante de potassium. Le sodium, dont le taux est également stable dans le sang, est souvent consommé en excès sous forme de sel de cuisine : environ 6 à 9 g par jour alors que 3 suffiraient. Cette consommation excessive favorise l'hypertension artérielle.

On pourrait craindre que les algues issues de la mer soient trop riches en sodium : elles en contiennent, mais pas de façon excessive. Toutefois, lors de la préparation des plats contenant des algues, il faut mettre moins de sel qu'habituellement.

LES OLIGO-ELEMENTS

En proportions infimes dans l'organisme, on les a longtemps crus négligeables et sans rôle particulier. En fait, leur présence est nécessaire lors de nombreuses réactions chimiques.

L'iode

Il fait partie intégrante de l'hormone thyroïdienne, et sa carence entraîne une insuffisance thyroïdienne. Mais son excès peut aussi être nuisible.

Les algues sont souvent très riches en iode. Certaines personnes, allergiques à cet élément, doivent les éviter. L'introduction dans l'alimentation doit se faire par petites doses afin de dépister une allergie éventuelle. Les algues ont été utilisées aux VIIe siècle, alors que l'iode était encore inconnu, pour le traitement des goîtres liés à la carence en cet élément, fréquente dans les pays éloignés de la mer.

Certaines algues très riches en iode doivent être utilisées à petites doses et de façon épisodique ; en effet, l'excès d'iode peut entraîner une hyperthyroïdie. Ainsi, faites attention à l'algue ARAME, au FUCUS et aux LAMINAIRES.

L'iode joue un rôle protecteur contre l'irradiation : en effet, si la glande thyroïde est saturée en iode, les conséquences d'une contamination

Si vous aimez les gélules, les laminaires ont été soumises à cette préparation.

accidentelle par l'iode radioactif sont moindres. De nombreux oligo-éléments sont des nutriments essentiels, comme le cuivre, le chrome, le zinc, le sélénium, etc. Présents dans l'eau de mer, on les trouve en proportions variables chez les différentes variétés d'algues. Certaines contiennent même de l'or ... en quantité infinitésimale.

Le cuivre, le cobalt et le zinc

Les algues sont une source importante de cobalt, cofacteur de la vitamine B 12, présente également (voir plus loin). Le zinc intervient dans plus de 150 réactions enzymatiques de l'organisme ; il est, de ce fait, un des oligo-éléments les plus importants. Les algues ont une teneur appréciable en zinc.

Le cuivre aide l'organisme à lutter contre les maladies infectieuses, surtout d'origine virale, ce qui justifie une cure d'algues en hiver !

LES VITAMINES

Les algues sont une source importante de vitamines, essentiellement de vitamines hydrosolubles, dont les besoins sont quotidiens, leur stockage dans l'organisme étant très limité.

Bêta-carotène

Ce précurseur de la vitamine A est présent en grandes quantités dans certaines algues, particulièrement *Porphyra tenera.*

Une carence en cette vitamine provoque des troubles de la vue pouvant aller jusqu'à la cécité.

La vitamine A est présente dans des aliments très gras comme le beurre; son précurseur - le carotène - se trouve dans certains légumes comme la carotte, la tomate, et dans les fruits rouges, ou l'abricot. Le carotène a aussi un effet protecteur pour la peau, et une cure de produits riches en carotène est conseillée avant une exposition au soleil.

Vitamine C

Cette vitamine renforce les défenses de l'organisme et a un effet stimulant et protecteur à l'égard des maladies virales. Sa carence provoque le scorbut, une maladie bien connue qui décimait les équipages lors des voyages au long cours. Cette vitamine est sensible à la cuisson. Pour qu'une algue soit une source importante de vitamine C, il faut soit la manger crue (laitue de mer), soit la sécher au four à micro-ondes. Il semble, en effet, que cette technique préserve la vitamine C. Par contre, il ne faudra pas cuire les algues mais les utiliser en paillettes, comme du persil, juste réhydratées. (LAITUE DE MER, NORI, WAKAME, CHEVEUX DE MER).

Vitamine B 1

Elle favorise le métabolisme des sucres et joue un rôle dans la croissance du tissu nerveux. Sa carence peut provoquer une polynévrite, c'est-à-dire une atteinte des nerfs périphériques. (SPIRULINE, LAITUE DE MER).

Vitamine B 2

Elle agit au niveau du métabolisme des protéines et de l'assimilation des différents nutriments, c'est pourquoi les besoins sont fonction du nombre de calories ingérées. (SPIRULINE, LAITUE POURPRE)

Vitamine B 12

Elle est importante car sa carence entraîne une anémie. On la trouve principalement dans les produits d'origine animale, et particulièrement les abats.

Les algues contiennent de la vitamine B 12, ce qui est à considérer en cas d'alimentation végétarienne, et permet d'éviter les carences observées lors de l'exclusion des produits d'origine animale. (LAITUE DE MER, NORI, FUCUS, CHEVEUX DE MER).

Acide folique

Cette vitamine joue un rôle dans la croissance des globules rouges et n'est présente que dans les aliments végétaux, souvent en petite quantité, de telle sorte qu'un seul aliment amène rarement la ration suffisante. Elle est sensible à la chaleur. Les algues en contiennent un peu, dans des proportions moindres cependant que les légumes verts. Cependant, la carence en acide folique touche près de 40% des Français, et toute augmentation de l'apport de cette vitamine sera la bienvenue. C'est à propos de l'acide folique que l'on a découvert avec surprise que l'on pouvait être obèse et carencé !

Les algues contiennent également de la vitamine B 6, utile au tissu nerveux, des vitamines B 1 et B 2 (LAITUE DE MER, NORI), et de la vitamine PP, qui intervient dans le tonus veineux (SPIRULINE, LAITUE POURPRE et NORI, CHEVEUX DE MER).

CONCLUSION

C'est leur richesse en vitamines et sels minéraux qui fait toute la valeur diététique des algues. En effet, l'alimentation du monde moderne, trop riche en calories, en sucres, en graisses, est souvent carencée en ces composés. Leur forte teneur en iode doit cependant attirer l'attention, et il ne faudra pas en abuser. **Les algues doivent être considérées plus comme un complément alimentaire que comme un véritable aliment.** On les emploiera à la manière de condiments, plutôt en persil qu'en épinards ! De par leur teneur en protéines et en vitamine B 12, les algues sont aussi un complément appréciable pour les végétariens.

Leur emploi amène une sensation de tonus, de bien-être. Au bout de quelques jours, on se sent au mieux de sa forme. On conseille une cure d'algues aux personnes fatiguées, surtout lorsqu'il peut s'agir d'une asthénie due à des carences multiples.

Les algues séchées du commerce : ici, produits français, japonais, chinois.

Les algues alimentaires dans le commerce

OU LES TROUVER ?

Au bord de la mer

Pour cela, nous proposons au lecteur de revoir le chapitre relatif à la récolte des algues alimentaires.

Dans le commerce

Les algues que vous trouverez dans le commerce ont été séchées selon des procédés qui varient selon les « écoles » :

- rincées à l'eau de mer, séchées dans de grands hangars bien aérés ;

- rincées à l'eau douce et séchées dans un séchoir à tabac à des températures ne dépassant pas 38 à 40°C faute de quoi l'algue est oxydée et perd ses qualités ;
- rincées, entraînées sur un tapis roulant et séchées instantanément dans un four à micro-ondes à enceinte ouverte.

L'important pour conserver les vertus organoleptiques d'une algue étant un séchage rapide à température moyenne, le résultat de cette dernière technique est incontestablement excellent, conservant au mieux la couleur et le goût de l'algue et préservant même la fragile vitamine C.

Le CARRAGAHEEN, quant à lui, est séché traditionnellement au soleil et à la lune, sur dune rase, par de rares spécialistes héritiers de cette technique.

Toutes ces algues ont été soumises aux contrôles bactériologiques et à la détection des « métaux lourds » (contaminants qui ne doivent pas s'y trouver en proportions anormales.) Des analyses précises et obligatoires répondent à des normes de sécurité exigeantes.

Vous choisirez les algues de belle couleur et sentant bon. Les algues vertes (LAITUE DE MER et CHEVEUX DE MER) doivent être bien vertes et non d'un vert jaunasse. La DULSE doit être rouge et souple. Si elle est rouge brun et cassante, c'est qu'elle a été oxydée par un séchage à trop haute température. La LAITUE POURPRE doit être noire, presque violette, et non cassante. Le FOUET DE SORCIER peut être noir brillant ou grisé d'efflorescences de magnésium : sa qualité est également bonne, seules ont différé les **techniques de séchage.**

L'agar-agar fournit une substance gélifiante largement employée dans l'industrie alimentaire.

Le CARRAGAHEEN est blanchi (ou non - son goût d'iode sera alors beaucoup plus prononcé).

L'AGAR-AGAR se présente sous forme de barres, de filaments ou de poudre, tous blancs.

Aucune autre algue ne doit être blanche, cela signifierait une décoloration (à la lumière).

Certaines, que vous ne pourrez trouver, réservées à l'industrie, sont cryobroyées selon un procédé spécial mis au point dans les laboratoires Goëmar et se présentent sous forme d'une pâte d'algue prête à l'emploi.

L'ETIQUETAGE DES ALGUES

Le nom des plantes

Les hommes ont nommé les plantes qui leur sont utiles ou qu'ils vénèrent ; et plus ils s'en servent, plus elles ont de noms. Ainsi le Sureau noir, arbre protecteur, riche de dons comestibles, thérapeutiques et magiques se nomme 300 fois différemment pour notre seul pays. Pour s'y retouver, les botanistes ont inventé (Linné au XVIIIe siècle) une classification de tous les êtres vivants, basée sur leurs caractères sexuels et leur donnant, dans cette langue universelle qu'était à l'époque le latin, un double nom et une famille. Ainsi le Sureau noir est scientifiquement appelé par les botanistes du monde entier *Sambucus nigra* et sa famille est celle des Caprifoliacées.

Le nom des algues

Les algues, par contre, ont été peu utilisées chez nous ; elles étaient même peu connues, et pas du tout étudiées, aussi certaines n'ont-elles pour tout nom que leur binôme latin. D'autres noms représentent en fait des catégories d'algues, l'emploi qui en était fait ne nécessitant pas de les distinguer les unes des autres. Ainsi en est-il des noms de « goémon », « varech », « tali », etc.

Les noms que j'ai choisis pour les algues utilisées aujourd'hui ont été sélectionnés selon plusieurs critères différents. J'ai essayé tout d'abord d'être au plus près des noms populaires, préférant celui qui désignait ou pouvait laisser supposer un emploi alimentaire. Quelquefois, j'ai préféré son nom étranger (DULSE et WAKAME) : l'algue désignée par ce nom est alors exactement l'algue ramassée sur nos côtes. Ainsi la DULSE (prononcez « deulse ») est le nom de *Palmaria palmata,* mangée depuis 800 ans en Irlande et encore vendue sous ce nom en magasin. Le WAKAME n'existe chez nous qu'en culture et a été introduit directement du Japon.

Je n'ai pas gardé les noms de NORI et de KOMBU pour nos algues bretonnes : en effet, ils ne désigneraient pas exactement la même chose, et ce qui était un rappel du Japon lors du lancement des algues serait maintenant dépréciatif et surtout inexact. En effet le NORI est une préparation japonaise impliquant tantôt *Porphyra tenera* seule, tantôt un mélange de *Porphyra* diverses. Leur préparation tout à fait particulière est semblable à celle que nous employions lors de la fabrication du papier de chiffon (broyage, tamisage, égouttage dans les formes standard, séchage) et aboutit à des feuilles noires soigneusement emballées. A part une parenté de goût, notre *Porphyra rubra* de Bretagne ne peut être que mal ap-

Les spaghettis de mer sont les organes reproducteurs d'un thalle en forme de bouton. Ici début du développement.

préciée sous ce nom par les « fils du Levant » ; il vaut mieux reprendre l'ancien nom latin et l'appeler LAITUE POURPRE, qualificatif correspondant à sa couleur.

De même pour les Laminaires : le KOMBU japonais désigne une algue proche de notre *Laminaria saccharina* et de notre *L. digitata*, mais, en fait, elle n'en n'a ni la forme ni le goût. De plus, le nom de KOMBU s'applique aussi à d'autres Laminaires aux préparations souvent très élaborées (algues vieillies et pressées, colorées au vert de Malachite, retaillées en copeaux, grattées, blanchies, etc.). Aussi avons-nous adopté FOUET DE SORCIER pour désigner *Laminaria digitata*, nom à la fois descriptif et mythologique.

Quelques algues ont été « inventées » à la consommation et leurs auteurs les ont baptisées : ainsi en est-il du SPAGHETTI DE MER, nom donné par Guy Balahy à l'*Himanthalia elongata*.

SPIRULINE, CHLORELLE et FUCUS dérivent des noms latins de ces algues (*Spirulina, Chlorella* et *Fucus*), l'usage a consacré ces appellations et nous ferons de même pour la grande LAMINAIRE SACCHARINE.

NOMS SOUS LESQUELS SONT VENDUES LES ALGUES ALIMENTAIRES EN FRANCE

Nom latin	Nom employé par l'auteur	Autres noms
Algues bretonnes de cueillette		
Porphyra rubra	LAITUE POURPRE	Nori
Ulva sp.	LAITUE DE MER	Aosa
Enteromorpha sp.	CHEVEUX DE MER	Ao nori
Himanthalia elongata	SPAGHETTI DE MER	
Laminaria digitata	FOUET DE SORCIER	Kumbu, Kombu Kombu breton
Laminaria saccharina	LAMINAIRE SACCHARINE	Kombu royal
Palmaria palmata	DULSE	Dulce, Dulcé
Chrondrus crispus	CARRAGAHEEN	Goémon blanc
Gracilaria gelidium	AGAR-AGAR	
Mélange de Porphyra, Ulva et la Palmaria	SALADE DU PECHEUR	
Algues de culture ou importées		
Spirulina sp.	SPIRULINE	
Chlorella	CHLORELLE	
Undaria pinnatifida	WAKAME	
Algues asiatiques importées		
Laminaria japonica	KOMBU	
Porphyra lineari	NORI	
Hizikia fusiforme	IZIKI	Ijiki
Eisenia bicyclis	ARAME	
Undaria pinnatifida	WAKAME	

FORMES SOUS LESQUELLES SONT VENDUES LES ALGUES ALIMENTAIRES

Fraîches : entières
Séchées :

- en branches

Entières pour les plus petites des algues :

CARRAGAHEEN, DULSE, LAITUE DE MER, LAITUE ROUGE, IZIKI, ARAME

Entières repliées pour de grandes algues souples :

LAMINAIRE SACCHARINE, WAKAME

Sectionnées, car trop longues entières, en segments de 20 à 25 cm de long pour les LAMINAIRES, le SPAGHETTI DE MER, l'AGAR-AGAR.

- en paillettes

Toutes les algues précitées

Les CHEVEUX DE MER ne sont vendus qu'en paillettes.

Un mélange de LAITUE DE MER, LAITUE POURPRE et DULSE est vendu en grosses paillettes sous le nom de « Salade du pêcheur ».

Les paillettes peuvent être de grosseurs différentes selon les marques proposées.

- en poudre

Toutes les algues précitées peuvent être vendues réduites en poudres de finesse variable (souvent à la meule), selon le type de préparation envisagé. Elles servent plus spécialement à confectionner des sauces, des farinages (pâtes, crêpes, pains), des sels. Les gélifiants : AGAR-AGAR et CARRAGAHEEN réduits en poudre et vendus en dose sont d'un emploi plus pratique.

Au sel :

Préparations essentiellement japonaises pour conserver des algues très fragiles comme le MOZUKU (*Eudesma virescens*). Retirées du sel, elles doivent tremper 20 minutes en eau douce avant de servir à confectionner une délicieuse salade crue. Le sel de conserve n'est plus bon qu'à jeter.

En préparations diverses :

Les algues sont employées de manière non perceptible, selon un pourcentage donné :

- dans le rôle d'épaississant des sirops, moutardes, soupes, déjeuners chocolatés, jus de fruits ;
- pour remplacer la graisse dans son rôle de liant pour la charcuterie et les vinaigrettes ;
- pour assurer une tenue adéquate aux confitures, glaces, entremets, marshmallows ;
- pour stabiliser les mayonnaises et les vinaigrettes.

Dans ce cas sont employées des algues gélifiantes, le plus souvent du type carragaheen.

Le Journal Officiel du 28 février 1982 inclut dans les additifs de la Communauté Economique Européenne autorisés à la dose de 1%, les extraits d'algues marines.

C'est ainsi que vous trouverez sous

les noms de E 402, E 403, E 404 des alginates ; E 406, c'est l'AGAR-AGAR ; tous les cinq sont employés dans le vin et les crèmes glacées. Quant à E 407, il désigne les carraghénanes qui sont employés dans la confection des « ice-creams », pour donner le brillant de la tarte aux fruits du pâtissier.

Les algues sont mises en évidence dans des préparations du type pains aux paillettes d'algues, petits gâteaux aux algues en paillettes ou même en rubans.

Elles peuvent être l'objet même de la préparation : *laverbread,* algues préparées en cornichons.

UNE LEGISLATION EN EVOLUTION

Réglementation relative à l'utilisation des algues alimentaires en France au mois de décembre 1987.

Dans la législation française, tout ce qui n'est pas permis est interdit ; ainsi en est-il des « aliments non traditionnels ». Le reste est affaire de tolérance.

Quelquefois, les situations se révèlent bizarres : ainsi, les « algues japonaises » sont permises à la vente en France depuis longtemps, alors que les goémoniers récoltants se battent pour commercialiser légalement des algues analogues sinon exactement semblables !

Jusqu'alors, les algues n'étaient utilisées qu'en extraits définitivement autorisés au Journal Officiel du 28 février 1982, et personne n'envisageait leur utilisation directe dans l'alimentation.

Des autorisations furent délivrées au coup par coup et souvent pour une période définie. Ainsi en est-il de *Laminaria digitata,* le FOUET DE SORCIER puis de la DULSE et de la LAMINAIRE SACCHARINE. Officiellement, en juin 1982, seules sont autorisées à la vente *Spirulina* et *Laminaria digitata.*

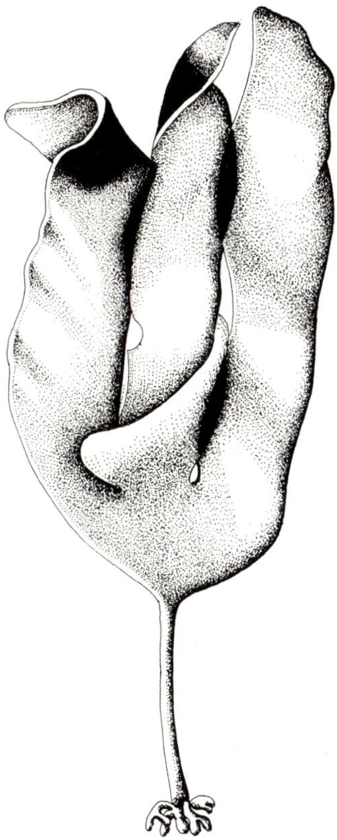

La main palmée de Laminaria digitata.

En fait, on trouve une douzaine d'algues en vente, séchées et ensachées. Leur vente est quasi confidentielle.

Plus curieusement, on trouve en supermarché une biscotte aux algues, or l'algue ici présente est l'*Ascophyllum*, habituellement réservée aux animaux.

A l'heure actuelle, une demande a été introduite auprès de la Direction départementale de la Concurrence, de la Consommation et de la Répression des Fraudes pour autoriser à la vente d'autres algues. Les autorités compétentes examinent les dossiers. Elles doivent statuer en particulier sur la dose tolérable de métaux lourds toxiques (cadmium, plomb, arsenic **, mercure), et définir la propreté bactériologique.

Ces critères varient d'ailleurs selon les pays. C'est ainsi que les algues japonaises, du fait de mers polluées, ont une teneur trop forte en mercure et ne sont plus autorisées à franchir les barrières douanières des Etats-Unis. Aussi, le Japon qui dédaignait nos algues, les disant non conformes à « la » tradition, porte-t-il désormais un regard de convoitise sur les algues de Bretagne, poussant sur des côtes non polluées***, aux eaux vives, à la végétation marine abondante. Amis Bretons, ne vous divisez pas au profit de plus forts et mieux organisés que vous !

Comment les cuisiner ?

L'algue est un des premiers aliments de l'humanité. Aliment de disette, de survie, mais aussi aliment conquérant une telle valeur qu'il fut tribut à l'Empereur avant de devenir classique cadeau de mariage ou de fête. Au Japon, offrir des KOMBU, c'est offrir un bouquet de roses !

En France, éclosent de temps à autre un article ou une émission sur les algues. Ces dernières pointent frileusement à l'orée des modes culinaires. Sauront-elles y acquérir une bonne place ? Déjà, en Bretagne, nous avons rencontré quelques chefs cuisinant les algues de leur côte. Et à Paris, Bor-

* cf. Page

* Conseil supérieur d'Hygiène publique de France (C.S.H.P.F.), Académie nationale de Médecine, instances composées d'experts scientifiques : médecins, pharmaciens, toxicologues, nutritionnistes.

** Il s'agit de l'arsenic minéral, nocif pour l'homme, représentant seulement 10% de l'arsenic contenu dans l'algue.

*** Le pétrole est biodégradable, ce qui ne justifie pas pour autant son épanchement dans nos eaux.

deaux, Toulouse, etc. d'autres cuisiniers curieux et talentueux s'intéressent aux algues.

Nous voudrions ici donner une base pour cuisiner ces algues, nouveaux aromates venus de la mer.

DIRECTIVES GENERALES

- Certaines sont très faciles à employer, simples comme un sel : ce sont les CHEVEUX DE MER en paillettes et les poudres de LAITUE DE MER et de DULSE. Leur lame verte ou rouge enveloppe l'objet à cuisiner ou se cisèle et n'a pas besoin d'eau que le temps de passer sous un robinet. Elles cuiront si vite que vous pouvez ne les ajouter aux plats qu'une fois la cuisson arrêtée ; ceci est encore plus valable si elles sont en paillettes.

- Les gélifiants ne vous poseront guère que des questions de dosage.

- Par contre, certaines algues - FOUET DE SORCIER, IZIKI - seront un peu plus compliquées à préparer, mais cela en vaut vraiment la peine. Bien cuisinées, elles deviennent gourmandises.

PROPORTION D'ALGUES A EMPLOYER

- Dans un plat : certaines, comme la DULSE, employées en trop fortes quantités, peuvent donner un goût amer à la préparation. Aussi, commencez vos essais avec 10% d'algues pour un plat et augmentez à 20% ou descendez à 5% selon votre appréciation.

- Dans la ration alimentaire : de 1/10 à 1/20 de la ration. Mais certaines personnes, des habitués, consomment leur ration d'algues mensuelle en quelques jours seulement.

Un certain laps de temps est parfois nécessaire pour habituer le corps à cette nourriture. L'effet laxatif des algues est notable quoique discret. Il faut également éviter de consommer des aliments à tanin (vin rouge, thé) en même temps que des algues brunes, algues à la plus forte teneur en iode. Il faut se souvenir que, traditionnellement (l'« empirisme », le bon !), on ne consomme que des vins dépourvus de tanin (vins blancs ou vins gris) avec des aliments iodés tels que poissons ou fruits de mer. Et en cas de dysfonctionnement du tube digestif (diarrhées) ou de maux de tête, il faut évidemment réduire la ration d'algues.

REHYDRATATION DES ALGUES SECHES

Pour les utiliser dans la cuisine, vous devez les réhydrater. Selon la catégorie d'algues, le temps de réhydratation sera différent.

- Les CHEVEUX DE MER se réhydratent instantanément.

- Les LAITUE DE MER, LAITUE POURPRE et DULSE humectées « revivent » en l'espace de quelques minutes ; passez-les sous l'eau si elles sont en branches ; en paillettes ou en poudre : humectez peu à peu jusqu'à leur réhydratation complète.

Cette réhydratation se fait à l'eau mais aussi avec du citron, du vinaigre, du vin blanc.

- Par contre, les algues brunes auront besoin d'un temps de trempage dans l'eau nettement plus long : 1/4 d'heure pour les SPAGHETTI DE MER et les IZIKI, 1/2 à 1 heure pour les LAMINAIRES et le KOMBU.

Vous pouvez garder l'eau de trempage pour cuisiner ; elle renferme les composants parfumés de l'algue.

Certains réhydratent en une seule fois les LAMINAIRES qu'ils utiliseront dans la semaine et les conservent au froid. Elles sont ainsi prêtes à l'emploi.

- Le CARRAGAHEEN a besoin, lui, d'être rincé à deux eaux froides et une eau chaude pour perdre son goût d'iode.

GRILLAGE DES ALGUES

Cette technique s'applique au NORI japonais travaillé en feuille et à la LAITUE POURPRE, présentée en branche.

Pour ce faire :

- passez rapidement l'algue sur une flamme en évitant de la brûler. Laisser refroidir. Emiettez-la ensuite entre les doigts.
- Branche et feuille peuvent être également grillées sur une plaque électrique.

Vous pourrez alors réhydrater ces algues directement dans une vinaigrette, les ajouter en fin de cuisson au riz, aux pâtes, aux légumes, dans un potage, etc. Leur goût est très différent de celui des algues simplement séchées.

CUISSON DES ALGUES

Là encore, le temps de cuisson sera différent selon le genre d'algue choisi :

- la DULSE peut être mangée telle quelle, fraîchement récoltée, fraîchement séchée ;
- les CHEVEUX DE MER, NORI et LAITUE POURPRE sont rarement cuits ;
- les LAITUE DE MER et DULSE n'ont besoin que de 3 à 5 mn de cuisson ;
- la LAITUE POURPRE, pour être réduite en *laverbread*, doit être bouillie 45 mn ;
- le SPAGHETTI DE MER est meilleur cuit salé à la vapeur ou dans très peu d'eau (cuisson *al dente*) ;
- les LAMINAIRES seront précuites en un premier temps 5 mn à la vapeur, puis, garnies diversement, de 5 à 20 mn. A ce stade, elles sont croquantes et les Chinois les aiment ainsi. Une autre préparation compte 45 mn à 1 h 30 de cuisson : fondantes, elles sont délicieuses.

Nous choisirons l'un ou l'autre mode de cuisson selon le plat à préparer.

Maintenant, inventez vos recettes ; vous aurez gardé les algues à portée de main. Essayez de les ajouter à des préparations simples : salade, beurre ma-

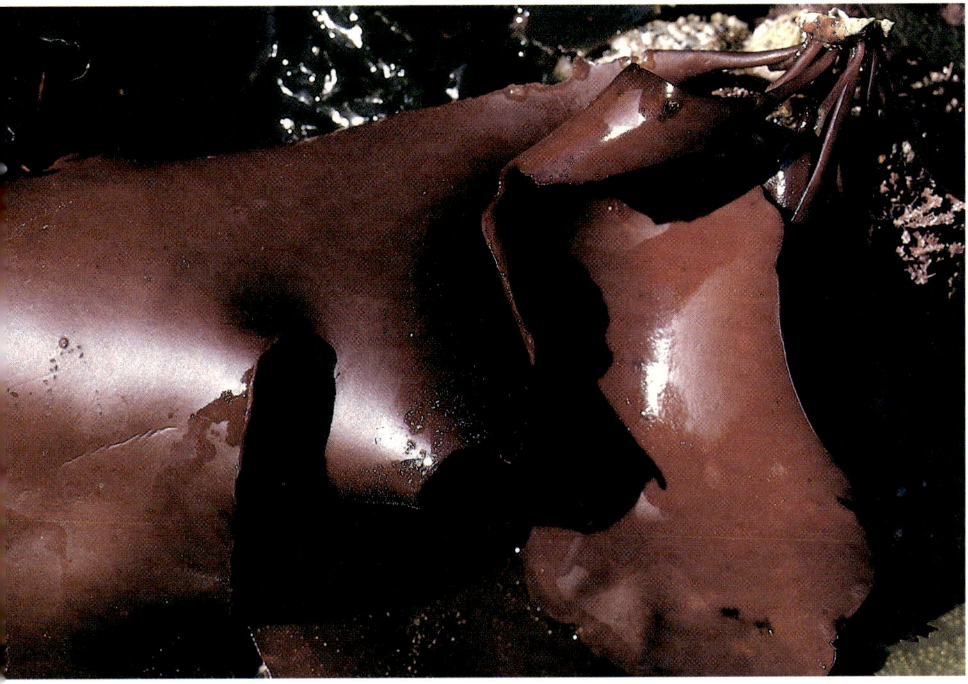

Le steack de mer (Dilsea carnosa), l'« en cas » des récoltants, mais trop rare pour être ramassé.

nié. Aurait-il fallu une feuille de laitue pour envelopper ce poisson ? Prenez cette feuille de LAITUE DE MER. Vous montez un beurre blanc ? Pourquoi ne pas remplacer les échalotes aux 2/3 par des algues ? Et cette préparation utilisant des couennes de porc pour un « jambon de poisson », ne pourrait-on pas penser à des lames de FOUET DE SORCIER ? Là où vous avez besoin de persil haché, essayez les CHEVEUX DE MER en paillettes.

A vous d'inventer, ni japonaise, ni irlandaise, la cuisine française des algues.

Les recettes sont données pour 4 personnes.

Elles ont été classées par difficulté croissante.

A la page 137, vous trouverez les recettes de base qui pourraient vous manquer pour la réalisation de certains plats : dans le texte, elles seront indiquées par les lettres (RB) ou « recettes de base ».

Les abréviations suivantes signifient :

- « c.s. » : cuillère à soupe
- « c.c. » : cuillère à café
- « l » : litre

CONSERVATION DES ALGUES

Les algues fraîches pourront se conserver au frais, non tassées, pendant quelques jours. Elles se congèlent fort bien telles quelles. Au sel, elles se garderont sans problème.

Toute algue séchée se conserve au sec et à l'obscurité (en particulier les algues vertes) à l'instar du thé. La date de péremption d'un tel type de produit est, selon la loi, de 2 ans. En fait, les Japonais, grands maîtres ès-algues, les conservent au moins 2 ans, au mieux 10 ans, avant de les mettre en vente. Elles s'améliorent et s'affinent comme vin en cave.

La plupart du temps, vous les trouverez en sachets : mettez-les dans des boîtes à thé ou des bocaux (mais, s'ils sont transparents, enfermez-les dans votre placard) : les algues, très sensibles à la lumière, se décolorent facilement.

◁ *Porphyra umbilicalis*

A la cuisine des Algues

Voici à l'étal de la marée votre récolte d'algues toute fraîche. Vous les avez récoltées en coupant les lames les plus appétissantes. Vous rincerez à l'eau de mer les quelques grains de sable attachés à l'algue (CHEVEUX DE MER et LAITUE POURPRE sont les plus difficiles à nettoyer).

Cuisinez tout de suite vos algues vertes, leur teneur exceptionnelle en vitamine C s'atténuant rapidement avec le temps. Algues rouges et brunes seront conservées au réfrigérateur : en poche de plastique pour un temps court, sur un plat recouvert d'un linge, plus longtemps.

Si vous désirez les transporter, rien ne vous empêche de les rapporter fraîches, à condition qu'elles ne soient pas tassées au fond d'un sac. Une clayette aménagée fera très bien l'affaire. Conservez-les au frais et utilisez-les dans les trois jours suivants.

La plupart du temps, c'est à partir d'algues séchées que vous cuisinerez. Leur goût sera légèrement différent de celui des algues fraîches mais équivalent.

Nous avons pu goûter des plats aux algues de-ci de-là, au cours de nos excursions en bord de mer. A Paris, des chefs au nom souvent prestigieux commencent à travailler ce nouveau légume aromate. D'autres passionnés d'algues nous ont dit les préférer crues et comment les préparer. Ils nous ont même envoyé leurs recettes ; nous les avons ajoutées aux nôtres, expérience accumulée jour après jour, exercices périlleux mais, si souvent, découverte émerveillée.

Si vous savez choisir les algues, les sentir, les manipuler pour le meilleur emploi culinaire, vous reconnaîtrez bientôt en chacune le goût doux ou corsé qui lui est propre. C'est à en tirer le meilleur que nous vous convions, à ouvrir cette nouvelle porte à votre gourmandise et à votre bonne santé.

CUISSON DES ALGUES IZIKI ET ARAME (JAPON)

IZIKI ou ARAME sèches
eau
sauce de soja (RB)
huile de première pression à froid (tournesol, sésame)

Rincez les algues sous l'eau, puis faites-les tremper une bonne heure. Conservez l'eau de trempage. Coupez les algues en morceaux. Dans une poêle, versez l'huile et faites revenir les algues. Ajoutez l'eau de trempage jusqu'à les recouvrir. Faites réduire. Lorsqu'il reste peu de liquide, ajoutez la sauce de soja. Continuez à chauffer. Il ne reste plus de liquide : laissez refroidir.

En fin de préparation, gardez les algues ainsi cuites. Vous les ajouterez aux aliments. Elles sont délicieuses et je les mange souvent telles quelles, un petit peu (1 c.s.) chaque jour, profitant ainsi pleinement de leurs remarquables propriétés.

ALGUES DE LA SAINT-GEORGES

Oeufs et laitances de poisson
lames de FOUET DE SORCIER
feuilles de LAITUE DE MER ou LAITUE POURPRE
facultatif : moutarde au fenouil et à la criste marine

S'inspirant de la délicieuse et délicate préparation japonaise appelée *komochi-wakamé* (« Wakamé avec œufs de harengs », mais en réalité ce sont des laminaires proches des FOUETS DE SORCIER préparées avec des œufs ou laitances de poissons), nous allons en faire un goûteux apéritif occidental.

Tout d'abord, préparons les algues, en prenant les plus tendres : LAITUE DE MER et LAITUE POURPRE. Elles seront rapidement passées à l'eau salée et attendront dans une petite assiette ; conservez l'eau. Par contre, les FOUETS DE SORCIER ont besoin d'être non seulement réhydratés (dans très peu d'eau légèrement salée que vous conserverez également) mais déjà cuits (15 mn) à la vapeur ou dans leur eau de trempage.

Nous allons maintenant confectionner des sortes de bouchées avec les œufs et les laitances en les enrobant dans les algues. LAITUE DE MER et LAITUE POURPRE seront pliées en petits paquets, FOUETS DE SORCIER seront roulés autour de leur contenu et fermés soit à l'aide d'un cure-dent en bois soit, plus élégamment, par un lien de SPAGHETTI DE MER (cf recette p. 114). Placez-les dans une large poêle à fond épais, ajoutez l'eau de trempage des algues et faites bouillonner très doucettement jusqu'à évaporation (moins d'une dizaine de minutes). Laissez refroidir. Servez en entrée ou avec l'apéritif.

SUSHI EN ROBE D'ALGUE (NORI MAKI-ZUSHI)

Nori (4 feuilles)
2 tasses de riz non traité, de type italien
2 petits bols d'eau
2 c.s. de vinaigre de riz
1 c.c. de sel
3 c. à dessert de sucre
Pour la sauce :
sauce de soja
ou sauce Maggi diluée

Cuisson du riz

Lavez le riz. Faites-le tremper 1 h avant de le cuire.

Faites-le égoutter.

Dans une casserole à fond épais, faites chauffer le riz et l'eau dans la proportion de 1 riz pour 1 et 1/5 d'eau. Le début de la cuisson sera vif. Lorsque l'ébullition se produit, retirez la casserole du feu et donnez un tour de cuillère en bois. Sur un feu plus doux, laissez cuire une dizaine de minutes puis 5 minutes à feu minimum. Laissez gonfler le riz dans la casserole couverte. Les petits cratères en surface sont signe de bonne cuisson.

Etalez le riz dans un grand plat creux.

Versez dessus, en répartissant, le mélange vinaigre, sel et sucre. Ventilez le riz pour enlever toute vapeur. Il est ainsi prêt pour la confection des sushi.

Confection des rouleaux

Pour les réussir, il vous faut un makisu, sorte de petit set de table fait de bambou que vous trouverez dans les boutiques de produits japonais.

Vous humidifierez ce makisu avant d'y déposer une feuille de NORI ; celle-ci est légèrement plus petite, de tous côtés, que son support. Posez sur la feuille de NORI le riz vinaigré en laissant l'espace d'un doigt de chaque côté, d'un pouce en haut et en bas.

Vous aurez préparé des garnitures :
- essentiellement de poisson, mais aussi :
- concombre salé non épluché, pétri sur une table dans son sel, rincé, essuyé puis découpé en allumettes sur toute sa longueur
- épinards cuits puis égouttés-pressés
- œufs de saumon
- branche de céleri-rave, etc.

Etalez ces préparations au centre du riz, relevez les au besoin d'un condiment (raifort râpé ou wasabi).

Ces garnitures placées au centre du riz, levez un bord du makisu, entraînez-le vers l'autre bord. Serrez ce rouleau dans vos mains. Enlevez le makisu : vous avez obtenu un beau rouleau régulier, noir à reflet violet : coupez-le transversalement en 2 puis en 4, en 8 morceaux égaux. Dressez-les côte à côte sur un joli plat de service.

Ce plat doit être préparé peu avant de

Une tradition millénaire au Japon : ces laminaires ont déjà été travaillées et leur lien est fait de chair de courge, effilée, séchée.

servir pour éviter que le NORI ne se ramollisse. Servez en même temps de la sauce de soja, trempez chaque Sushi dans la sauce, dégustez.

Traditionnellement, le Sushi marque une célébration (anniversaire, nomination...), ou la bienvenue à des hôtes.

Le principe du Sushi (riz cuit enveloppant le poisson, fermentant et par là même assurant sa conservation) est très ancien, mais les préparations actuelles sont apparues au siècle dernier à Tokyo et de populaires sont devenues un drapeau de la cuisine japonaise. L'art du Sushi est le fruit de longues années d'expérience. Des grains de riz tous orientés dans la même direction, aux minuscules bars à Sushi du Tokyo moderne à l'extraordinaire design, en passant par les mains qui ne peuvent être que celles d'un homme (les femmes auraient les mains trop chaudes), « le goût du Sushi dépend plus de l'adresse avec laquelle il est composé que de sa garniture ».

Masuo Yoshini, cité par Angela Terzani dans son admirable livre « Le goût du Japon » chef sushi réputé à Tokyo.

LAVERBREAD, PAIN D'ALGUES CELTE (Irlande, Ecosse, Pays de Galles)

LAITUE POURPRE

C'est plus une purée d'algues qu'un pain, mais elle sert à la confection de plats traditionnels tant en Irlande qu'en Ecosse ou au Pays de Galles. C'est une découverte agréable pour nos palais de continentaux.

PUREE DE LAVERBREAD

Tout d'abord, lavez soigneusement la LAITUE POURPRE pour la débarrasser du sable sur lequel vous l'aurez récoltée. Hachez-la grossièrement pour la cuire pendant 5 ou 6 heures à l'étouffée, dans peu d'eau. Surveillez la cuisson en agitant. Pour remuer, préférez des instruments de bois ou d'argent. Lorsque votre préparation aura l'aspect et la consistance d'une purée d'épinards noire, vous la réserverez pour différentes préparations.

Cette préparation de base se conserve très bien plusieurs jours au réfrigérateur.

Son goût ? Entre l'huître et le caviar disent certains. C'est peut-être exagéré, en tout cas c'est vraiment bon. En 1730, un livre de cuisine anglais recommande de cuire l'algue avec du verjus dans une cocotte, au four, jusqu'à ce qu'elle soit tendre.

L'algue cuite, essorée mais encore humide, était alors mise en pot de taille moyenne et recouverte de beurre clarifié pour sa conservation. On s'en servait au fur et à mesure des besoins.

Actuellement, on trouve le laverbread conservé selon des méthodes modernes en pots, en boîtes métalliques.

CASSE-CROUTE DE LAVERBREAD (pain grillé, bacon)

Faites frire du bacon dans une poêle et faites griller des tartines sur le feu. Réservez au chaud. Dans la graisse du bacon, chauffez la purée d'algues en remuant jusqu'à ce qu'elle soit bien chaude. Etalez-la sur le pain, couvrez de la tranche de bacon frite.

C'est délicieux et combien revigorant.

LAVERSAUCE

2 bols de laverbread
le jus d'une orange
1 c.s. de beurre salé

Chauffez doucement la purée d'algues, mêlez-y le jus d'orange et, une fois délayé, ajoutez le beurre. Continuez à chauffer et à tourner (toujours avec bois ou argent) jusqu'à l'obtention d'une consistance homogène.

Cette sauce accompagne traditionnellement le mouton, mais elle est également appréciée avec une langouste ou des fruits de mer.

SOUPE DE LEGUMES AUX ALGUES

Pour 4 personnes :
1 l 1/2 d'eau
1 c.s. de sel
2 poireaux, 2 carottes,
2 pommes de terre
1 oignon
1 gousse d'ail
100 g de crevettes décortiquées (grosseur à votre choix)
2 rubans de belle DULSE

Faites cuire une bonne soupe aux légumes en coupant les légumes en petits morceaux, bâtonnets ou rondelles, dans l'eau salée ; laissez bouillir doucettement une demi-heure. Ajoutez les crevettes décortiquées. Dix minutes après, arrêtez la cuisson. Ajoutez alors la DULSE déshydratée et coupée en autant de morceaux que de convives. Faites reposer quelques minutes avant de répartir dans chaque assiette un morceau d'algue bien rouge, des crevettes roses puis les légumes et leur bouillon. Couleurs et saveurs se marient joliment.

SOUPE A L'OIGNON A LA DULSE FRAICHE

1 poignée de DULSE fraîchement récoltée
5 gros oignons
2 à 3 c.s. de farine
bouillon
sel, poivre.

Faites revenir les oignons coupés en rondelles dans un peu de matière grasse (beurre ou huile). Quand ils sont déjà dorés, ajoutez la DULSE bien lavée, égouttée, coupée en lanières.

Tournez à la cuillère de bois, en saupoudrant de farine. Versez peu à peu l'eau (ou le bouillon), couvrez ainsi le mélange, portez à ébullition, salez, poivrez. Laissez mijoter couvert une demie heure à feu très doux. Rectifiez le volume de liquide et l'assaisonnement en fin de cuisson.

Comme toute soupe à l'oignon, cette préparation peut être gratinée au four avec du gruyère râpé ou servie avec des petits croûtons.

SOUPE A L'AVOCAT ET AUX ALGUES VERTE ET ROUGE

Pour 4 personnes :
4 avocats
3 c.s. de LAITUE DE MER *en paillettes*
1 beau ruban de DULSE *à partager en 4*
1 litre de bouillon de poule
4 c.s. de crème
piment

Préparez le bouillon de poule : versez dans le bouillon tiède les paillettes de la LAITUE DE MER ; laissez-les s'humecter 5 à 10 minutes.

Videz la chair des avocats avec une cuillère d'argent afin d'éviter leur oxydation. Réservez 1/4 d'avocat. Ecrasez cette pulpe, puis passez-la dans un tamis de nylon. Ajoutez du poivre et un peu de piment (piment de Cayenne : une pointe de couteau ; pâte de piment, sauce de piment asiatique, etc.). Placez ce mélange dans une petite casserole au bain-marie ; versez le bouillon de poule doucement en fouettant, ajoutez la crème. Battez le tout en chauffant. Ajouter le ruban de DULSE. C'est le moment d'y adjoindre le 1/4 d'avocat coupé en gros cubes. Laissez-les se réchauffer. Servez chaud : dans chaque assiette, donnez un ruban de DULSE bien rouge et cette soupe mouchetée de vert.

C'est très délicat.

Vous pouvez aussi, par les grandes chaleurs d'été, la servir froide et même glacée.

La dulse (Palmaria palmata)

CONSOMME MIREILLE AUX LEGUMES DE MER

Bouillon de pot au feu (ou de poule)
2 ou 3 jaunes d'œufs très frais
2 cuil. de crème excessivement fraîche par litre de consommé
safran du Gâtinais
LAITUE DE MER ou CHEVEUX DE MER en paillettes
(1 c.s. par personne)

Battez dans le bouillon froid les jaunes d'œufs et la crème. Ajoutez en légère décoction le safran et les paillettes d'algues. Chauffez doucement en remuant jusqu'à ce que le consommé soit chaud.

Servez-le accompagné de petites tranches de pain (ficelle) desséchées au four et de fromage frais (gruyère, cantal) râpé.

POTAGE DE MOULES AUX ALGUES

Pour 4 personnes :
3 litres de moules de bouchot
1/4 de l de muscadet
2 échalotes hachées finement
Poivre blanc (1 tour de moulin)
1 l 1/2 de fumet de poisson (RB)
1 bol de lait entier
1 bol de crème fleurette
4 c.s. de CHEVEUX DE MER

Faites ouvrir les moules dans une sauteuse. Réservez-les au chaud. Passez le jus des moules à la passoire fine. Mélangez fumet de poisson, eau des moules, lait, crème et CHEVEUX DE MER. Laissez les goûts se mélanger en refroidissant.

Servez dans chaque assiette du potage froid et une portion de moules tièdes.

C'est un délicat potage d'été.

POTAGE DE CREPES AUX ALGUES A LA VIENNOISE

6 crêpes pour 12 personnes
Farce de merlan aux algues*
*Consommé maigre de poisson***
SALADE DE PECHEUR

Faites des crêpes de sarrasin. Posez-les les unes sur les autres, pour les tailler en carré. Etalez sur chaque crêpe ainsi préparée la farce de merlan avec 10% de SALADE DU PECHEUR.

Roulez les crêpes garnies, disposez-les dans un plat beurré, couvrez d'un rond de papier sulfurisé et pochez au four.

Une fois refroidies, vous couperez ces crêpes en rondelles de la largeur du doigt. Disposez-les, chauffées, au fond de la soupière, et versez dessus le consommé de poisson bouillant. Ce potage se fait selon le même procédé avec une farce de volaille aux paillettes de DULSE et du bouillon de poule.

* Voir farce de poisson p. 115
** Voir p. 92

POTAGE DE JULES GOUFFE AUX ALGUES

3 petits concombres
farce de merlan
paillettes de LAITUE DE MER
consommé de poisson
croûtes pour potage
CHEVEUX DE MER

Gouffé, le grand Gouffé ! même si vous ne le connaissiez que par Boris Vian *, vous vous devez d'essayer un jour de patience et de raffinement (l'un ne va pas sans l'autre) un de ses potages. Celui-ci est extrait de son « Livre des soupes et des potages » et adapté pour y introduire quelques paillettes d'algues. J'espère qu'il voudra bien me pardonner ce qui n'est pas une trahison puisque le résultat est vraiment délicieux. Voici la recette :

Tournez les concombres, retranchez de chaque extrémité 3 cm, videz-les. Vous avez obtenu des « tubes » de concombres. Faites les blanchir (5 mn dans l'eau bouillante), égouttez, rafraîchissez, épongez sur une serviette. Faites-les cuire dans un consommé de poisson. Egouttez-les. Coupez chaque concombre en anneaux de 2 cm. Rangez-les dans un plat légèrement beurré. Garnissez chaque anneau de farce de merlan travaillée avec des paillettes de LAITUE DE MER. Lissez parfaitement. 20 minutes avant de servir, faites pocher les concombres dans du consommé.

Préparez les croûtes pour le potage. Egouttez les concombres.

Dans chaque assiette, disposez quelques croûtes, entourez-les de concombres. Arrosez de consommé.

Servez à part le reste de consommé et des CHEVEUX DE MER.

N.B. : la farce pourrait être de volaille et le consommé aussi; dans ce cas l'algue utilisée serait la DULSE.

* Son nom est déformé dans « L'écume des jours ».

CONSOMME DE POISSON A LA JULES GOUFFE

500 g de carottes émincées
500 g d'oignons
50 g d'échalotes
50 g d'ail
50 g de persil (non frisé, autant que possible)
50 g de céleri (en branches)
10 g de feuilles de laurier sauce
10 g de thym
10 g de basilic
20 g de muscade, 20 g de poivre mignonette
500 g de beurre
Poisson et vin : voir ci-contre

Je vous conseille d'entreprendre en tout premier lieu la conquête de votre fournisseur de poisson. En effet, vous aurez à vous servir de têtes de poisson et d'arêtes (saveur, calcium et sels minéraux garantis), et il vaut mieux l'en prévenir. Voyez plutôt :

Mettez le tout dans un grand faitout et tournez avec une longue cuillère de bois jusqu'au rouge acajou (mais vous pourriez aussi bien opérez dans une poêle et transvaser ensuite dans votre marmite).

Sur le tout, versez 4 litres d'eau, 2 litres de vin blanc sec, 1 kg de têtes de turbot, 1 kg de soles (filets enlevés), 1 kg de merlans (filets enlevés), 1 kg de grondins, 3 dl d'eau de moules peu salée, 5 g de sucre.

Faites bouillir le tout jusqu'à ce que les grondins soient cuits. Retirez-les. Passez à la serviette * et clarifiez avec les filets de merlan et 4 blancs d'œufs battus en neige.

De couleur rouge foncé, ce consommé sera servi en potage maigre et les filets de soles réservés pour un autre plat.

* cf. Recettes de base « Passer à la serviette ».

SAINT-JACQUES AUX ALGUES

8 coquilles décortiquées
1 poignée de LAITUE DE MER en branches,
1 poignée de DULSE en branches,
*Sel, poivre, macis**

Réhydratez les algues dans très peu d'eau, quelques minutes suffisent. Enveloppez chaque noix de coquille Saint-Jacques d'un ruban de LAITUE DE MER bien vert, d'un ruban de DULSE bien rouge. Salez, poivrez. Faites cuire seulement 3 minutes à la vapeur ou dans très peu d'eau à l'étouffée. Servez avec un beurre fondu et un soupçon de macis.

** cf. Recetttes de base « Macis «.*

SALADE DE LENTILLES VERTES AU FOUET DE SORCIER

250 g de lentilles vertes
1 carotte
1 oignon piqué d'un clou de girofle
1 ou 2 morceaux de
FOUET DE SORCIER
Vinaigrette à l'échalote
Sel, poivre, 2 feuilles de laurier.

Versez les lentilles dans une casserole, couvrez largement d'eau froide. Ajoutez la carotte coupée en rondelles, le laurier, la lame de FOUET DE SORCIER réhydratée. Ajoutez l'eau qui a servi à cette réhydratation, le sel, le poivre.

Laissez cuire en surveillant le niveau d'eau. Goûtez.

Laissez refroidir. Retirez l'algue, découpez-la en fines lanières.

Egouttez les lentilles rapidement et assaisonnez-les encore chaudes d'une vinaigrette relevée d'échalotes coupées en tout petits morceaux. Remuez.

Disposez l'algue joliment. Mettez au frais.

SORBET AUX CREVETTES ROSES ET AUX ALGUES VERTES

500 g de crevettes fraîches
décortiquées (cuites)
2 c.s. de CHEVEUX DE MER
1 blanc d'œuf
1 citron ou 2 citrons verts
3 branches d'AGAR-AGAR
ou (1/2 g dè poudre)
1/2 c.c. de sel
Eau de source

Faites tremper l'AGAR-AGAR 10 minutes dans 1 verre d'eau de source; laissez bouillir le tout 5 minutes. Ajoutez alors sel et CHEVEUX DE MER.

Mélangez cette infusion à la chair des crevettes broyée au mixer et au jus de citron. Mixez à nouveau avant de mettre dans le bac à glaçons. Vous laisserez prendre cette préparation aux 3/4 au congélateur.

Battez le blanc d'œuf en neige très ferme et ajoutez-le au mélange glacé. Passez le tout au mixer.

Dans le bac à glaçons, laissez-le prendre pendant quelques heures. Vous servirez ce sorbet en entremet.

N.B. : il est évident qu'employer une sorbetière est plus adéquat, mais qui peut le moins peut le plus.

AMUSE-GUEULE MER ET MONTAGNE

Cubes de gruyère (100 g de gruyère)
Poudre de LAITUE DE MER (3 c.s.)

Mettez un cube de gruyère sur une pique à brochette.

Préparez sur une petite assiette de la LAITUE DE MER en poudre.

Passez le gruyère à la flamme* avant de le rouler dans l'algue verte.

L'accord est parfait. Délicieux avec de la bière.

*Ou au micro-ondes : 2 mn.

BAUDRIER DE NEPTUNE en chips

1 lame de LAMINAIRE
1/2 l d'huile à frire

Comptez 3 à 4 morceaux de 3x3 cm par convive. Coupez-les aux ciseaux. Jetez ces morceaux d'algue dans une huile fumante du type huile de tournesol : les morceaux se déploient, brunissent. Attention, comptez jusqu'à 3 et enlevez-les pour les poser sur un papier absorbant.

Chips à croquer tout de suite en apéritif avec du vin de Xérès ou de la bière.

CHIPS D'ALGUES

FOUETS DE SORCIER,
LAITUE POURPRE en branches
(une poignée de chaque)
Chips de pomme de terre (1 sachet)
Huile de friture (1/2 l)

Essuyez les FOUETS DE SORCIER, coupez-les en morceaux de 2 ou 3 cm; faites de même avec la LAITUE POURPRE.

Chauffez l'huile de friture entre 160 et 170°C, dans une poêle profonde (couche d'huile :
2 cm).

Si vous avez de l'huile de sésame ajoutez-en un peu pour donner du goût.

Faites frire très rapidement les LAITUES POURPRES. Réservez sur un papier absorbant.

Faites frire les FOUETS DE SORCIER. Egouttez.

Salez légèrement les algues.Servez-les mêlées aux chips de pomme de terre, en apéritif.

FRITURE DE CHEVEUX DE MER

4 belles poignées
de CHEVEUX DE MER crus
1/4 l d'huile à frire
Sel

Lavez les algues, qui retiennent souvent du sables. Préparez une poêle avec de l'huile. Chauffez. Jetez-y par petites poignées des CHEVEUX DE MER essorés. Faites cuire à peine, à grande friture.

Servez tout croustillant autour d'une préparation au poisson.

OMELETTE A LA LAITUE DE MER

Paillettes de LAITUE DE MER
ou LAITUE DE MER en branches, ciselée
7 œufs
1/2 coquille d'eau
4 c.s. rases de paillettes d'algues
Sel, poivre
beurre salé

Réhydratez les algues avec très peu d'eau. Mêlez ces paillettes aux œufs sommairement battus et épicés (mais peu salés). Laissez les goûts se mêler pendant une demi-heure. Faites l'omelette à votre habitude. Baveuse, elle est très bien. Jacqueline Corcellet nous en a cuisinée une parfaite, l'autre jour.

Si vous désirez réaliser un plat plus élaboré, faites cuire des fruits de mer, assaisonnez, glissez-les à l'intérieur d'une omelette à la LAITUE DE MER.

Fouets de sorcier à l'origine de savoureuses préparations pour qui sait les préparer.

BROUILLADE AUX ALGUES EN COQUILLE

Pour 4 personnes :
4 œufs entiers bien frais
4 c.c. de paillettes de LAITUE POURPRE
Beurre
Sel, poivre
Présentation : gros sel gris.

Videz les œufs en les ouvrant comme des œufs à la coque ; réservez la coquille intacte.

Réhydratez les algues avec très peu d'eau pendant 5 mn. Brouillez vos œufs en ajoutant les algues, faites cuire (RB). Versez la préparation moelleuse dans la coquille d'œuf qui lui revient.

Au milieu de l'assiette, vous aurez posé le gros sel gris, vous y calerez la brouillade en coquille.

ROYALE AUX ALGUES

1 litre de lait ou de bouillon
3 à 4 c.s. d'algues en paillettes (SALADE DU PECHEUR)
8 œufs entiers
2 ou 3 pommes de terre
Crème fraîche
Sel, poivre

Faites cuire les algues dans le bouillon ou le lait. Mettez les œufs battus dans le bouillon refroidi ; incorporez la crème fraîche, salez et poivrez.

Beurrez des petits moules. Versez-y la mousse et recouvrez-les d'une feuille de papier aluminium. Faites cuire au bain-marie jusqu'à ébullition, sur feu vif, puis au four 35 à 40 mn (thermostat 6 ou 170°C)

SALADE CAROLINE

2 endives
1 c.s. du mélange SALADE DU PECHEUR
1 zeste d'orange
1 vinaigrette

Préparez avant tout votre vinaigrette en faisant tremper ensemble tous les ingrédients au moins 10 mn. Vous sentirez d'ailleurs monter les parfums au fur et à mesure de leur cohabitation.

Coupez vos endives, mettez-les dans la vinaigrette et remuez.

A la dégustation, vous allez rencontrer tantôt du zeste d'orange, tantôt une grosse paillette d'algue. Cette alternance subtile est délicieuse.

N.B. : vous pouvez jouer avec le parfum de l'huile : olive, maïs, noisette, sésame...

SALADE A LA LAITUE DE MER

1 belle poignée de
LAITUE DE MER crue
1 betterave crue
3 carottes
3 navets nouveaux
Vinaigrette à la moutarde de citron
Crevettes décortiquées

La LAITUE DE MER fraîche sera ciselée, la betteravc coupée en petits cubes ou grossièrement râpée, les carottes râpées finement ainsi que les navets. Votre vinaigrette sera légère, juste de quoi mettre en valeur le légume cru. Assaisonnez chacune de vos préparations, et ne les juxtaposez que peu avant de les servir dans le dessin que vous aurez imaginé. Disposez en dernier la LAITUE DE MER et agrémentez-la des crevettes décortiquées : c'est beau, bon et plein de vitamines !

SALADE DU PECHEUR

3 c.s. du mélange DULSE-LAITUE DE MER-WAKAME vendu sous le nom de « salade du pêcheur »
4 tomates bien mûres
et 1 petite encore rosée
1 oignon
Sel et poivre
Vinaigrette de votre choix

Versez en tout premier dans un saladier votre vinaigre (de préférence un vinaigre doux). Ajoutez les algues et laissez-les se réhydrater cinq minutes avant de continuer à confectionner votre vinaigrette. Si vous employez de la moutarde, veillez à ce qu'elle ne soit pas trop forte et, si elle est parfumée, qu'elle évoque la mer : moutarde à la criste marine ou au fenouil par exemple (Paul Corcellet n'est pas à une invention près...).

Ajoutez vos tomates, épluchées ou non, selon votre goût, l'épaisseur de la peau et la provenance de ces fruits (eh oui ! les tomates sont, d'un point de vue botanique, des fruits). Mêlez l'oignon coupé en fines lamelles et mélangez délicatement le tout. En préparant votre salade bien avant le repas, vous découvrirez comment peuvent se marier ces saveurs lorsque un peu de temps leur est donné pour se rencontrer. C'est Paul qui, là encore, inventa cette façon de faire, qui n'est en fait pas une invention mais une façon d'être attentif.

SALADE DU BORD DE MER

2 poignées de coquillettes cuites froides
1 laitue verte
1 litre de moules de bouchot
2 tomates (en saison)
3 c.s. de SALADE DU PECHEUR
Vinaigrette au safran
Persil non frisé
Amandes effilées

Préparez une vinaigrette : dans le vinaigre, laissez les algues en paillettes se réhydrater, chauffez les filaments de safran (2 ou 3) avant de les écraser. N'ajoutez l'huile qu'au moment de finir votre plat.

Pendant que la sauce s'accomplit seule, préparez vos moules, que vous cuirez en marinière et garderez hors de leur coquille au chaud.

Dans un saladier, préparez la laitue et les tomates coupées en quartiers, les coquillettes.

Versez la vinaigrette sur la salade : tournez. Ajoutez les moules encore tièdes et parsemez d'amandes effilées.

La feuille transparente de la laitue de mer.

HUITRES EN PAPILLOTES DE NORI OU DE LAITUE DE MER POELEES AUX GIROLLES

Huîtres
Algues séchées
200 g de girolles
Beurre
Huile
Ciboulette
2 c.s. de crème fraîche double

Ouvrez les huîtres, décollez les chairs et enveloppez-les dans les algues réhydratées étalées. Réchauffez-les à la vapeur.

Lavez les girolles, ébouillantez-les 3 mn à l'eau salée. Egouttez-les. Faites-les revenir dans une sauteuse avec une noix de beurre, du sel et du poivre. Ajoutez 1 c.s. de ciboulette hachée et la crème.

Sur les assiettes bien chaudes, répartissez les girolles et déposez les huîtres.

AVOCAT AUX CHEVEUX DE MER

Pour 1 avocat :
1 c.s. de CHEVEUX DE MER
1/2 citron ou 2 c.s. de vinaigre doux
Sel, poivre blanc
1 goutte de piment en sauce (RB)
ou 1 pointe de couteau de piment de Cayenne

"Piment en sauce" voir recette de base

Défaites la chair de l'avocat à la petite cuillère. Pour qu'elle ne noircisse pas, arrosez-la très vite de citron et écrasez le tout à la fourchette. Salez, poivrez, pimentez. Ajoutez les fines paillettes des CHEVEUX DE MER, mélangez bien. Mettez cette pâte dans un petit ravier (ou dans la peau même de l'avocat) au frais pendant une heure ou deux.

Vous pourrez vous en servir pour tartiner de petits toasts apéritifs chauds ou froids ou encore en guise de mayonnaise pour accompagner un poisson cuit à la vapeur. C'est très fin.

SOUFFLE D'ALGUES PAUL CORCELLET

200 g de poisson (saumon, carrelet ou cabillaud)
Appareil à soufflé :
Sauce béchamel serrée très épaisse
40 g de farine
30 g de beurre
Court bouillon
4 œufs
4 c.s. d'algues en paillettes
(LAITUE DE MER ou CHEVEUX DE MER)

Les algues et le poisson sont ajoutés à la béchamel, puis les 4 jaunes d'œufs et enfin les 4 blancs battus en neige. Versez dans un moule à soufflé beurré. Le four a été monté au chaud (thermostat 8) pendant 10 minutes. Enfournez et passez à four doux (thermostat 5-6) 45 minutes. Vous pouvez faire cuire le soufflé au four dans un bain-marie, il n'en sera que plus moelleux.

Enteromorpha

RAGOUT DE PETITS LEGUMES AU FOUET DE SORCIER

FOUET DE SORCIER frais :
la valeur de 80 cm de lanière
500 g de pommes de terre
500 g de carottes
1 kg de petits pois
5 oignons
3 gousses d'ail
2 tranches de lard maigre
Laurier, sariette ou thym
Bouillon

Faites revenir oignons et lard. Ajoutez les légumes, les aromates et l'algue coupée en morceaux réguliers. Lorsque les petits pois sont devenus vert intense, mouillez avec du bouillon à mi-hauteur du récipient de cuisson.

Faites cuire en mijotant jusqu'à ce que les pommes de terre se laissent écraser (de 20 à 45 mn).

MANGEZ DES LEGUMES SECS SANS SOUCI

Haricots blancs, flageolets, haricots rouges, lentilles blondes, fèves, pois chiches: tous ces délicieux légumes secs sont bénéfiques pour notre santé, mais souvent délicats pour nos entrailles. En les cuisinant avec des algues vous pourrez bénéficier sans arrière-pensée de ces légumes riches en fibres. Il vous suffira de faire cuire en leur compagnie des algues, en paillettes ou en branches selon vos préférences et vos provisions. Pour cette cuisson, vous utiliserez des FOUETS DE SORCIER à raison de 10% du plat. Laissez-les tremper une demi-heure à part. Ajoutez-les avec leur eau de trempage à vos légumes secs convenablement gonflés par un bain de 8 heures et égouttés. Complétez le liquide de cuisson avec de l'eau froide. N'oubliez pas d'assaisonner : poivre, oignon clouté de girofle (2 clous), bouquet garni. Faites cuire à petits bouillons. Surveillez votre cuisson, car la présence des algues réduit sa durée du tiers. Salez en fin de cuisson. Pour servir, laissez ou enlevez les algues selon votre goût. Moi je les trouve délicieuses. Coupées en lanières fines, elles décoreront votre plat très joliment.

CHOUCROUTE AUX ALGUES

Chou blanc bien serré
1/4 DULSE,
1/4 LAITUE DE MER
Genièvre, cumin en grains
Sel

Mon ami Eddy Hara a été l'instigateur de cette préparation et certains jours vous pourrez la dégustez dans son restaurant de la rue Roquebrune.

Réhydratez les algues avant de les mélanger au chou blanc émincé (à la râpe à la choucroute, si vous en possédez une) et aux épices. Salez. Préparez comme une choucroute ordinaire.

Au bout de 3 semaines, la lactofermentation aura transformé les ingrédients en choucroute marine et vous pourrez la consommer :
- crue en salade ;
- cuite en cocotte ou, mieux, en « cuit-vapeur douce » avec
- des quenelles de brochet ou d'écrevisses
- un poisson entier
- du haddock, me souffle Paul Corcellet, du haddock poché au lait et émietté sur le plat au moment de servir.

MOUSSE DE LEGUMES «LARGUEZ LES AMARRES»

400 g de chou-fleur paré
200 g de champignons
2 à 3 œufs entiers ou blancs d'œufs
2 à 3 pincée de LAITUE POURPRE en paillettes
25 cl de crème fraîche liquide
Basilic
Sel, poivre

Mousse n° 1 : CHAMPIGNONS-CHOU-FLEUR
« A L'ABORDAGE »

Préparez, lavez et coupez les légumes en morceaux. Faites-les cuire " votre convenance à la vapeur, à l'étouffée ou dans un volume d'eau bouillante (citron, beurre et à couvert pour les champignons). Une fois cuits, égouttez-les avec soin.

Mixez-les avec les œufs, salez, poivrez. Ajoutez le basilic et la LAITUE POURPRE en paillettes préalablement sautée très légèrement à la poêle dans un peu d'huile. Incorporez la crème fraîche liquide avec une spatule. Vérifiez l'assaisonnement, rectifiez au besoin. Beurrez le moule et versez-y la mousse. Faites cuire au bain-marie (RB) recouvert d'une feuille d'aluminium sur feu doux, jusqu'à ébullition.

Mettez alors à four chaud (200°C, thermostat 6/7) environ 30 mn. En fin de cuisson, ôtez la feuille d'aluminium et laissez un moment dans le four éteint jusqu'à ce que la lame d'un couteau ressorte sèche de la préparation.

Démoulez. Servez chaud.

Mousse n° 2 : CAROTTES-POIVRONS
« SOUS LE VENT »

400 g de carottes parées
200 g de poivrons parés
2 à 3 pincées de CHEVEUX DE MER *en paillettes*
2 à 3 blancs d'œufs
25 cl de crème fraîche
Oseille
Sel, poivre

Préparez, lavez et coupez les légumes en morceaux. Faites-les cuire à votre convenance (vapeur, étouffée ou eau bouillante). Une fois cuits, égouttez-les soigneusement. Mélangez-les aux blancs d'œufs ; mixez le tout et assaisonnez.

Incorporez les CHEVEUX DE MER légèrement sautés à la poêle et l'oseille ciselée et étuvée au beurre. Ajoutez la crème fraîche et rectifiez l'assaisonnement. Beurrez un moule et versez cette mousse.

La cuisson est la même que celle de la recette précédente.

Mousse n° 3 : COURGETTES
« A TRIBORD »

600 g de courgettes
2 à 3 blancs d'œufs
2 à 3 pincées de DULSE *en paillettes*
25 cl de crème fraîche
Estragon
Sel, poivre

Préparez, lavez et coupez les légumes en morceaux. Faites-les cuire à votre convenance (vapeur, étouffée ou eau bouillante). Une fois cuits, égouttez-les avec soin.

Mélangez-les avec les œufs, salez, poivrez. Incorporez la DULSE en paillettes telle quelle et l'estragon. Ajoutez la crème fraîche et vérifiez l'assaisonnement. Versez la mousse dans un moule beurré et mettez à cuire de la même façon que la recette précédente.

DIHE

pour 4 personnes :
1 bol de millet
2 bols 1/2 d'eau
1 gousse d'ail
2 oignons
Epices : poivre vert, baies roses, piment (1 pointe de couteau)
1 c.s. de SPIRULINE

Recette inspirée du dihé vendu aux alentours du lac Tchad.

Faites bouillir le millet avec 2 fois 1/2 son volume d'eau ; après une trentaine de minutes, l'eau est absorbée, le millet est cuit.

Faites revenir l'oignon, les épices et l'ail. Lorsque le mélange est cuit, ajoutez la SPIRULINE dissoute dans un peu d'eau. Homogénéisez au mixer. Versez sur le millet. Rectifiez le sel et le poivre. Servez chaud ou froid.

RIZ A LA BRETONNE AUX SPAGHETTIS DE MER FRAIS

*1 petit bol de jeunes SPAGHETTIS DE MER frais**
2 verres de riz
3 verres d'eau
2 oignons
2 gousses d'ail
1 poivron rouge ou jaune
1 poivron vert
Sel, poivre, safran
Fruits de mer : moules, crevettes, petits encornets

Dans une cocotte à fond épais, faites revenir les oignons émincés avec un peu de matière grasse.

Ajoutez-y poivrons, algues et encornets coupés en morceaux. Laissez cuire ensemble de 3 à 5 mn. Réservez.

Faites un riz pilaf : versez le riz sec dans la cocotte avec un morceau de beurre, chauffez vivement, tournez sans cesse pendant 5 minutes. Vous aurez préparé à côté de votre cocotte l'eau avec l'ail et les épices (sel, poivre, safran) : versez le tout dans la préparation. C'est aussitôt une explosion de vapeur. Remuez. Ajoutez alors votre mélange. Fermez soigneusement le couvercle.

Portez le tout sur un feu très doux pour une vingtaine de minutes.

** Si vous employez des SPAGHETTIS DE MER secs, comptez 25 g.*

Une algue bien bretonne : le spaghetti de mer. Quelques rubans pour un plat.

RIZ PILAF DE LA MER

Pour un verre de riz long:
1 verre 1/2 de bouillon
2 c.s. de paillettes de LAITUE DE MER
ou de SPAGHETTI DE MER
1 gros oignon
Huile, beurre
Sel, poivre
Moules marinières

Faites revenir le gros oignon coupé en fins morceaux dans moitié huile, moitié beurre. Lorsqu'il est translucide, ajoutez le riz et, sur feu vif, tournez jusqu'à ce que tous les grains de riz soient saisis.

Vous aurez d'autre part préparé vos moules marinières. Réservez-en le jus soigneusement filtré, complétez à la dose voulue, ajoutez les paillettes d'algues et versez d'un coup sur le riz. Remuez cette masse bouillonnante. Réduisez considérablement le feu, couvrez, laissez cuire ainsi 20 minutes. Découvrez, vérifiez l'état de cuisson du riz (le grain doit s'écraser dans sa totalité lorsque vous le serrez entre deux doigts), ajoutez les moules gardées au chaud et quelques petits morceaux de beurre. Couvrez d'un torchon propre plié en quatre puis avec le couvercle. Laissez ainsi 10 minutes. Servez.

LE PAIN AUX ALGUES

De nombreux essais ont été faits en Bretagne et ailleurs. A Paris, une vingtaine de boulangers font du « pain aux algues ».

L'algue est représentée tantôt par une pâte bleu-vert mise au point par un grand industriel malouin entièrement spécialisé dans le traitement des algues et ses applications, tantôt par des paillettes sèches incorporées à la farine.

J'avoue que la qualité de ces pains est très inégale, et ma préférence ne va pas aux pains verts mais à ceux que signe l'algue en mouchetures. J'en connais d'excellents (et les amateurs ont ratifié ce choix) : l'un est un pain complet fait par un boulanger de Roscoff*, et l'autre un pain de mie travaillé

* Boulangerie Cabioch dans la grande rue de Roscoff.

par un boulanger de Paris, et chacun a bien sûr... son secret.

Mais rien ne vous empêche d'essayer votre propre formule : achetez ces farines prêtes à faire du pain et des paillettes d'algues que vous aurez soin de réhydrater au minimum avant de les ajouter à votre pâte levée. Prévoyer autant de petits pains que d'algues différentes. C'est très amusant et bon.

Un bon pain aux algues se conserve facilement plusieurs jours.

PETITS PAINS AUX ALGUES

Pour 10 petits pains:
25 g de levure de boulanger
1/2 verre d'eau tiède
325 g de farine
75 g de beurre salé
2 c.s. de lait tiède
25 g de sucre
50 g de paillettes d'algues
(LAITUE POURPRE, DULSE, LAITUE DE MER)
2 œufs

Délayez la levure dans un verre d'eau tiède. Versez le tout dans la farine disposée en puits. Battez énergiquement. Le levain est prêt quand une boulette jetée dans une eau tiède flotte. Le reste de la farine sera disposé en puits ; au centre, vous casserez les œufs puis ajouterez le sel et le sucre. Mélangez, ajoutez le lait tiède avant de pétrir. C'est alors que vous ajouterez gros comme une demi-pomme de levain. Brassez la pâte en soulevant haut pour y enfermer de l'air. Lorsqu'elle commence à se détacher de la table, ajoutez les morceaux de beurre un à un, attendant que l'un soit fondu pour ajouter l'autre. A ce moment, ajoutez les paillettes d'algues. Travaillez la pâte juste le temps de répartir les paillettes. Lorsque le tout est homogène, posez-la sur une surface farinée, recouvrez d'un torchon. Vous allez laisser lever 5 heures à l'abri des courants d'air, dans un endroit tiède.

Passé ce temps, découvrez votre pâte et, sans animosité mais fermement, donnez-lui un grand coup de poing pour la vider de l'air qu'elle enferme. Pétrissez un peu et formez vos dix petits pains, ronds, longs, torsadés, à votre fantaisie. Posés sur la plaque beurrée du four, ils vont lever encore. Badigeonnez avec un œuf battu et faites cuire. Le four aura été préchauffé 20 mn à 200°C (thermostat 6). A cette même température, les petits pains cuiront 12 à 15 minutes à portes impérativement fermées.

Posez les pains sur une grille. Mangez-les le lendemain de leur fabrication avec des fruits de mer, du poisson. Mais si vous essayez le beurre-miel et même le beurre-confiture, vous constaterez que ce n'est pas mauvais non plus.

PATES FRAICHES AUX ALGUES TAGLIATELLES FRAICHES

Formule n° 1
1 kg de farine
1/2 verre d'eau
une pincée de sel

Formule n° 2
1 kg de farine
2 ou 3 œufs
3 gouttes d'eau
une pincée de sel

Lucas est de retour d'Italie et les frères et cousins, mêlés, affûtent déjà les pointes de leurs fourchettes pour déguster ses pâtes fraîches. J'ai apporté mes algues, les unes en farine, les autres en paillettes. Allons-y !

Les ingrédients sont préparés devant lui :

Confection de la pâte :

La composition peut varier : seulement de la farine, de l'eau et un peu de sel, ou bien en ajoutant 2 ou 3 œufs pour 1 kg de farine. Surtout très peu de liquide (œufs ou eau), la pâte ne doit jamais avoir un aspect « mouillé » ou être collante. Ainsi, au début elle doit avoir l'air d'être difficile à travailler car trop sèche, c'est bien ! L'humidité doit se diffuser petit à petit grâce au travail. Si on a une machine à malaxer, c'est mieux car ça peut être très fatigant, et la qualité n'en souffre pas.

Pour travailler la pâte à la main, il y a trois mouvements essentiels. Au début, quand elle se présente comme un tas de grumeaux, il faut prendre le ou les plus gros et les écraser tout le long du récipient en un mouvement à peu près circulaire afin de ramasser le plus possible de grumeaux.

Quand on a un tas qui tient assez bien, on peut le sortir du récipient et le travailler sur une table bien sèche sur laquelle on a étalé un peu de farine.

Là, il faut l'écraser avec la dernière partie du plat de la main et la ramener en boule.

Pour savoir si la pâte est prête à être étalée, il faut en faire une boule qui doit être ronde et peser un kilo environ. Le test essentiel consiste à tirer des deux mains cette boule ; il faudrait que la pâte reste le plus longtemps possible lisse comme elle l'était à l'état de boule.

Si elle présente des craquelures, il faut la travailler davantage.

Une fois la boule prête, il faut l'étaler avec un rouleau à pâtisserie (épaisseur : environ 4 mm pour les tagliatelles).

Confection des tagliatelles :

Coupez la pâte avec un couteau bien affûté (ou à la machine). Largeur des tagliatelles : de 0,8 à 1 cm.

Séchage :

Une fois la pâte coupée, il faut laisser les tagliatelles éparpillées sur un torchon pendant 1/2 heure pour qu'elles sèchent.

Cuisson :

Plongez les tagliatelles dans beaucoup d'eau bouillante où vous aurez ajouté du sel et une goutte d'huile.

Il faut les faire cuire très peu, sinon elles se cassent (2 à 4 mn suivant l'épaisseur).

Pâtes aux algues et au saumon
Recette p. 109

Lorsque l'ébullition reprend, en principe elles sont cuites. Goûtez-les : elles seront *al dente*, fermes et tendres à la fois. Egouttez-les rapidement. Remettez en casserole chaude ou dans le plat qu'aura chauffé l'eau de cuisson, pour les assaisonner aussitôt.

TAGLIATELLES AUX ALGUES

Première façon de procéder :
Pâte formule n° 2
(1 kg de farine,
3 œufs)
200 g d'algues en paillettes réhydratées
(LAITUE DE MER, LAITUE POURPRE, etc.)
Sel.

Seconde façon de procéder :
Tagliatelles fraîches
(voir p. 106)

Sauce à la poudre d'algue :
Beurre ou crème
Jus de moules
Poudre de LAITUE DE MER, ou LAMINAIRE (poudre ou même comprimés dissous dans l'eau de cuisson), ou toute autre algue citée dans ce livre.

Il y a 2 façons de procéder :

1) Incorporez des paillettes d'algues à la pâte

Suivez le procédé précédent et incorporez les paillettes au moment de confectionner la boule de pâte.

Ces pâtes colorées sont délicieuses et se conservent particulièrement bien.

2) Saupoudrez les algues en assaisonnement.

Faites cuire une poignée de moules à la marinière. Filtrez le jus. Diluez-y la poudre d'algue. Ajoutez la crème. Chauffez sans bouillir. Versez dans les pâtes.

La laitue pourpre, richesse de nos marées à l'île de Batz. A ne pas arracher.

PATES «FETE DE LA MER»

Pâtes aux algues
Fruits de mer : moules, coques, coquilles Saint-Jacques
Beurre
Echalote
Vin blanc
Sauce poulette (1 c.s. de farine, 1 bol de bouillon de poule, 1 noix de beurre, 1 jaune d'œuf, Sel, poivre)

Faites cuire les fruits de mer en marinière. Décortiquez- les et tenez-les au chaud.

Pendant ce temps, posez une grande casserole d'eau sur le feu. L'eau va bouillir : ajoutez le sel et une goutte d'huile ordinaire.

L'eau bout : jetez-y vos pâtes. Remuez délicatement. Quand le bouillonnement reprend, goûtez : les pâtes doivent être mangées *al dente*, elles sont prêtes. Versez-les à peine égouttées dans un plat creux chaud.

Ajoutez les fruits de mer. Servez avec une sauce poulette*. C'est délicieux.

PATES AUX ALGUES FORESTIERES

300 g de pâtes aux algues
200 g de chanterelles (ou autres champignons)
Sel, poivre
Beurre salé
Ail

Triez les chanterelles : ôtez les débris d'herbes, de fougères et de mousse. Ne les lavez pas. Faites-les cuire 5 minutes à la vapeur en ayant soin de les saler et d'ajouter un soupçon d'ail frais coupé très fin.

Versez dans un saladier chaud les pâtes cuites *al dente* et rapidement égouttées, avec quelques morceaux de beurre. Mélangez délicatement et c'est prêt.

Plat léger, complet, ou délicieux accompagnement d'un gibier d'eau.

PATES D'ORGE AUX SAUMON FUME, LAITUE DE MER ET POIREAUX FONDUS

Pour 4 personnes :
*400 g de pâtes d'orge fraîches**
200 g de saumon fumé
4 blancs de poireaux
1 cuillère à soupe de crème fraîche par personne

Dans une cocotte, mettez un verre d'eau dans lequel vous ferez étuver les blancs de poireaux avec les algues. Ajoutez une pincée de sel. Lorsque l'eau est évaporée, ajoutez le saumon fumé, la crème fraîche et le jus du citron.

Mélangez les pâtes, cuites à part dans une grande casserole d'eau salée (10 mn), avec cette préparation.

*Sauce blanche délayée au bouillon de poule et additionnée hors du feu d'un jaune d'œuf.

10 g de LAITUE DE MER
Le jus d'un demi-citron

Ajoutez quelques zestes de citron, et régalez-vous !

*A se procurer au « Jardin des pâtes », par exemple. Recette de Charles Maggio, chef de « ... Au jardin des pâtes » (4, rue Lacépède - 75005 PARIS)

THON ET PATES FRAICHES AUX CHEVEUX DE MER

1 grosse boîte de thon blanc
1 tasse de petits oignons au vinaigre
1 kg 1/2 de tomates fraîches
1 livre de pâtes fraîches aux CHEVEUX DE MER

Faites cuire les tomates jusqu'à réduction, ajoutez alors les oignons, un peu de vinaigre, le thon égoutté.
Laissez mijoter 5 minutes.

Pendant ce temps, faites cuire les pâtes fraîches aux CHEVEUX DE MER : beaucoup d'eau, sel, une goutte d'huile. Lorsque l'ébullition reprend, les pâtes sont cuites.

Servez dans un plat creux le thon entouré de pâtes.

Gisèle Hartung, un jour de début novembre et de fin de rédaction, nous a inventé ce joli plat rouge et vert.

MIQUE AUX ALGUES

Confection de la mique :
500 g de farine
1 œuf par personne
100 g de beurre fondu
1/2 bol de lait
1/2 paquet de levure de boulanger
1 c.s. de paillettes d'algue par personne

Une mique, c'est la pâte que l'on verse dans le bouillon du pot au feu en fin de cuisson, après en avoir enlevé tous les ingrédients tels que légumes, viande, etc. Une fois cuite, elle remonte à la surface, et elle est dégustée coupée en tranches avec le pot au feu. Plat traditionnel du Sud-Ouest de la France.

Ici, nous ferons cuire la mique dans le bouillon de la cotriade (cf p. 118), et nous la garnirons d'algues en paillettes.

Mélangez bien les ingrédients pour pouvoir les pétrir. La pâte, vigoureusement pétrie 3 minutes, reposera au chaud 30 minutes sous forme d'une grosse boule farinée. C'est ainsi que vous la poserez dans le petit bouillon de la cotriade. Couvrez. Au bout d'une demi-heure elle remonte à la surface, poussant le couvercle : elle est cuite.

Servez à chacun un morceau de poisson, des légumes, du bouillon et de la mique aux algues.

GOUGERE POUR COQUILLAGES

*1 c.s. de saindoux**
Beurre ou margarine
2 c.s. d'eau
3 œufs entiers
Sel, poivre
1 bol de farine
1 bol de gruyère coupé en copeaux

** cf. Recettes de base : « Saindoux ».*

Il s'agit de confectionner l'admirable gougère (champenoise ou bourguignonne ? N'entrons pas dans des batailles gastronomico-historiques...) en remplaçant la moitié du gruyére par des algues en paillettes du type LAITUE DE MER, DULSE, SALADE DU PECHEUR. C'est simple et c'est délicieux, accompagnant au mieux une timbale de fruits de mer, une chaudronnée RB ou un vin de Loire bien blanc, bien frais, tout simplement.

Il vaut toujours mieux réhydrater les algues avant de s'en servir ; ici, employez de l'eau. Voici, pour mémoire, la recette de la gougère traditionnelle :

Dans une casserole moyenne, faites fondre le saindoux avec l'eau, le sel et le poivre. Une fois fondu, ajoutez d'un coup la farine et tournez rapidement pour amalgamer le tout et le sécher un peu sur le feu. Hors du feu, vous allez maintenant ajouter un à un les œufs. Tournez jusqu'à ce que l'œuf entier se soit amalgamé à la pâte. Ne craignez pas de faire d'amples mouvements en tournant ; plus vous enfermerez d'air dans votre pâte, mieux elle lèvera. Lorsque tous les œufs ont été incorporés, ajoutez le gruyère (gardez-en une petite

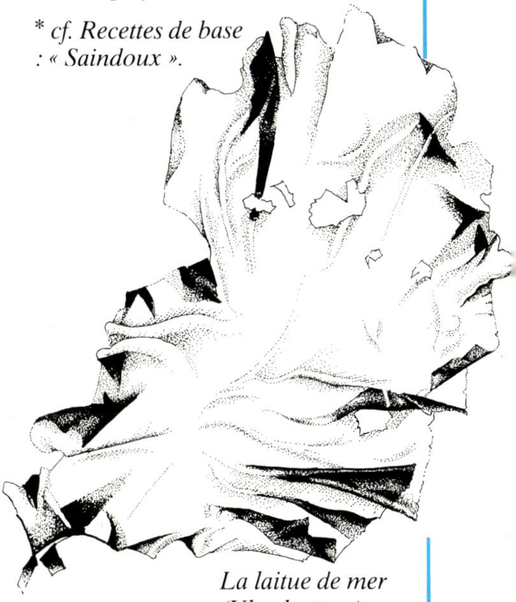

La laitue de mer (Ulva lactuca)

partie pour poser sur la préparation finale) et les algues. Tournez en soulevant la pâte.

Préparez une tôle beurrée, disposez votre préparation en couronne : pour cela, déposez simplement de grosses cuillerées de pâte en rond, elles conflueront toutes seules pour former la couronne. Décorez de gruyère. Cuisez à four chaud 30 mn.

GALETTES BRETONNES AUX ALGUES

250 g de farine de blé noir
Eau
1 c.c. de sel
5 g d'algues en paillettes
LAITUE DE MER, DULSE, LAITUE POURPRE

Délayez la farine de blé noir avec l'eau. Ajoutez le sel et les paillettes d'algues. Faites cuire comme à l'ordinaire. Le mariage farine de blé noir et algues est particulièrement heureux.

Servez avec :
- du beurre salé frais, quelques gouttes de citron et une belle tranche de saumon. Le pot de crème fleurette* sera posé sur la table. Pour les amateurs :
- un beurre salé frais à la criste marine**;
- un reste de chair de poisson blanc au beurre blanc;
- un beurre de crevettes;
- etc.

Essayez ces différentes combinaisons. Ne craignez pas d'oser le sucré : miels, confitures, fruits en marmelade. Vous serez conquis.

* cf. Recettes de base « Crème fleurette ».

** cf. Fausses algues p. 36

ALGUES EN BEIGNETS

Algues comestibles au choix (un plein bol)
1 l d'huile de friture
Pâte à beignets : 120 g de farine
1 œuf
1 pincée de sel fin. Bière.

Cette pâte se prépare en mélangeant l'œuf entier à la farine puis en délayant avec la bière jusqu'à l'obtention d'une consistance de pâte un peu épaisse mais fluide.

Les algues seront fraîches ou réhydratées. Vous réduirez leur taille à la valeur de chips ou de frites.

Préparez une grande friture, et, lorsque

la bonne température sera atteinte, trempez un morceau d'algue dans la pâte à frire puis jetez-le dans la friture. Laissez cuire plus ou moins longtemps selon la consistance de l'algue : ainsi LAITUE DE MER, CHEVEUX DE MER et DULSE cuiront très vite, FOUET DE SORCIER et SPAGHETTI DE MER plus longtemps.

Egouttez sur un torchon de papier. Salez au sel fin, peu. Servez chaud.

La DULSE peut être saupoudrée de sucre.

POISSON TROIS MINUTES

Pour 1 personne :
filet de merlan
LAITUE DE MER en branche (1 feuille)
Sel (1 pincée)
Beurre salé (1 noix)
Jus de citron (1 c.c.)

Réhydratez la LAITUE DE MER en la passant sous l'eau. Enveloppez-en le filet de merlan après l'avoir salé. Il s'agit maintenant de le cuire, à la vapeur, ou au four à micro-ondes, disposé entre deux assiettes creuses. Même durée de cuisson : trois minutes. Versez sur ce filet en robe d'algue verte un beurre fondu, un trait de citron. C'est parfait.

POISSON DU MARCHE SUR LIT DE MER

Poisson du jour (2 à 3 sortes) : 4 à 6 filets
10 à 25 g de LAITUE DE MER en feuilles, soit 4-5 feuilles
1 gousse d'ail
Beurre (1 noix)
Crème fraîche (3 c.s.)
Safran (1 pincée)
Sel, poivre.

Pochez (eau bouillante salée) les feuilles de LAITUE DE MER environ 5 mn. Egouttez.

Faites cuire à la vapeur les filets levés par votre poissonnier et coupés en losanges ; ils doivent être peu cuits (2 à 3 mn).

Faites revenir la LAITUE DE MER dans une casserole avec un peu de beurre, à l'aide d'une fourchette piquée d'une gousse d'ail épluchée. Salez, poivrez.

Disposez les losanges de poissons sur les feuilles de LAITUE DE MER. Nappez le tout de beurre fouetté (avec crème fraîche et safran) cuit à feu doux.

POISSON AU GOEMON SUR FEU DE BRAISE

1 belle truite (2 à 3 livres)
3-4 poignées de goémon frais
1 tasse de crème fleurette
sel, poivre, muscade (1/2 c.c.)

Vous avez pêché une belle truite, truite de rivière ou truite de mer, cela dépend évidemment de l'endroit où vous aurez jeté votre hameçon, posé votre mouche ! Préparez un bon feu et faites-le venir à braises. Dans le gril à poisson, vous aurez préparé un lit de goémon, dessus, dessous. Posez-y la truite vidée, parée, salée, muscadée intérieurement. Mettez à cuire et maintenez-la sur la braise chuintante et pétante un bon quart d'heure. Vérifiez la cuisson à la pointe du couteau. Développez et posez sur le plat de service. Découpez, servez, réservez les joues pour les belles dames. Arrosez chaque part d'un filet de crème fleurette du jour.

Le poisson a encore son goût d'eau à peine corrigé par l'exotisme de la muscade et le bon enfant de la crème. Pour parfaire votre bonheur - et j'espère celui de vos amis -, racontez votre pêche.

PAUPIETTES DE MERLAN

Pour 4 personnes :
250 g de filets de merlan
50 g de beurre
1 œuf dur
Criste marine au vinaigre doux
100 g de mie de pain fine
1 œuf cru
1 c.s. d'huile d'olive
1 c.s. de farine
1 c.s. de fenouil (feuillage) haché
Sel, poivre blanc
12 lanières de SPAGHETTI DE MER
LAITUE DE MER en feuilles

Aplatissez les filets de merlan et parez-les. Préparez une farce avec l'œuf dur, la criste marine (environ 2 c.s.), le fenouil, le beurre, le sel et le poivre. Etalez cette préparation en couche légère sur les filets. Roulez les filets sur eux-mêmes, saupoudrez-les de farine et trempez-les dans l'œuf battu avec l'huile. Saupoudrez de mie de pain finement hachée. Enveloppez les paupiettes ainsi préparées dans une feuille de LAITUE DE MER rapidement réhydratée, ficelez le tout à mi-hauteur avec 3 SPAGHETTI DE MER réhydratés 10 minutes dans très peu d'eau.

Faites cuire à la vapeur les paupiettes dressées. Servez avec des haricots verts.

FRITURE AUX ALGUES

1 l d'huile à friture
Pâte à frire :
120 g de farine
1 pincée de sel
1 œuf entier
Bière
Petits poissons à friture
Lait
Paillettes d'algues (LAITUE DE MER, CHEVEUX DE MER, LAITUE POURPRE)

Faites tremper les petits poissons dans le lait. Pendant ce temps, vous aurez confectionné la pâte à frire : dans un saladier, versez un bol de farine, les paillettes d'algues, et mélangez bien. Faites le puits au milieu pour y verser l'œuf, le sel. Remuez bien à la cuillère de bois. Lorsque le mélange est fait, ajoutez peu à peu la bière en délayant : la consistance appropriée est un peu plus fluide que celle d'une pâte à crêpes.

Essuyez délicatement les poissons sur un torchon et, du même geste, plongez-les dans la pâte à frire puis immergez-les dans la friture à bonne température. Quelques minutes suffisent à cuire, croustillants, ces jolis dons d'Amphitrite. Mettez sur la table une salière avec de la « fleur de sel », un frais vin de Loire et mangez brûlant avec les doigts et de bons amis.

FARCE DE POISSON (ou de volaille) POUR POTAGES

Pour le potage de Jules Gouffé (cf p.) et d'autres emplois
250 g de chair pilée,passée au tamis
1 poignée de CARRAGAHEEN
De la panade : 1 dl d'eau, farine, 10 g de beurre salé
2 œufs
Sel, poivre, muscade

Portez à ébullition les ingrédients de la panade : eau dans laquelle a bouilli le CARRAGAHEEN et le beurre ; après un premier bouillon, retirez du feu et ajoutez la farine de façon à obtenir, en travaillant à la cuillère de bois, une pâte ferme. Versez cette panade dans une assiette creuse, posez dessus un papier beurré et laissez refroidir.

Pilez la chair dans un mortier (ou passez-la à la moulinette électrique). Assaisonnez (sel, poivre, muscade). Ajoutez la panade. Mêlez bien avant d'ajouter 2 jaunes d'œufs. Travaillez cette pâte jusqu'à ce qu'elle soit bien lisse, bien ferme. Vous pouvez ajouter quelques gouttes d'essence de champignons diluées dans 2 c.s. de consommé.

Ces farces exigent propreté et diligence. A l'heure actuelle, rien ne vous empêche de les travailler simplement avec de bons robots de cuisine.

ANGES A CHEVAL MARIN

Il s'agit de belles huîtres enroulées dans du bacon, embrochées, grillées devant les braises du feu de bois et servies dressées sur des toasts grillés et beurrés, très chaudes. Servies en Angleterre après le dîner, où elles font partie des *savouries*, en France elles seront présentées en hors-d'œuvre.

Ici, nous allons remplacer le bacon par des algues pour un petit « plus » d'air marin. Vous choisirez des FOUETS DE SORCIER minces, que vous aurez trempés 30 mn, puis cuits dans un minimum d'eau 5 à 10 mn. Enveloppez-en l'huître avant de l'embrocher, et dégustez le tout.

Prévoyez 10 cm de ruban d'algue par huître.

AMUSE-GUEULE AU FOUET DE SORCIER

Filets de poisson à chair ferme ou coquillages (moules de bouchot, coques, etc.)
Vinaigre doux ou jus de citron
Sauce asiatique au piment pour la note épicée
Sel, poivre
Cure-dents (bois)

Réhydratez les FOUETS DE SORCIER pendant 20 à 30 mn. Coupez-les en morceaux capables d'envelopper une fois et demie la nourriture à enrober. Pendant ce temps, vous aurez fait mariner le poisson coupé en morceaux de l'épaisseur du doigt, ou les coquillages bien nettoyés, dans un vinaigre doux (salicorne, cidre, vin blanc, etc.) ou un jus de citron, assaisonné d'une goutte de piment, salé, poivré. Laissez-les ainsi pas moins de 20 minutes, mais ils peuvent se conserver 24 heures. Enveloppez dans l'algue chaque morceau tiré de la marinade ; vous en roulerez le ruban une fois et demie sur lui-même de façon à bien fermer, et vous transpercerez le tout d'un petit cure-dent en bois.

Faites cuire ces amuse-gueule alignés côte à côte dans une grande casserole, sur une seule épaisseur, dans très peu d'eau. Une cuisson de 5 minutes est souvent suffisante pour obtenir une algue encore un peu *al dente*, une chair cuite à point. Toutefois, la durée de la cuisson peut varier avec l'épaisseur de la lame de FOUET DE SORCIER.

Servez chaud ou froid ce délicieux amuse-gueule.

Vous auriez pu tout aussi bien le réaliser avec des morceaux de poulet ou de dinde macérés de la même façon.

BOUDIN DE SAUMON AUX LEGUMES DE MER ET SON FLAN AUX ALGUES

Pour 4 personnes :
Boudin :
Saumon : 1/2 filet
LAMINAIRE SACCHARINE :
1 algue adulte.

Enveloppez le saumon pris dans le sens de la longueur dans une lame de LAMINAIRE SACCHARINE réhydratée. L'ensemble ainsi formé sera poché 10 mn environ ou cuit à la vapeur douce.

FLAN AUX ALGUES

4 c.s. de LAITUE DE MER
en paillettes
5 cl de vin blanc sec
4c.s. de crème fraîche
2 œufs entiers
Sel, poivre

Faites réduire les paillettes de LAITUE DE MER dans du vin blanc, passez au mixer (ou battez) en ajoutant la crème puis les œufs. Assaisonnez.

Beurrez de petits moules avant de les remplir de cette préparation. Faites cuire au four, au bain-marie, 20 minutes. Démoulez.

Servez le saumon en boudin, le beurre blanc et le flan aux algues.

COTRIADE AUX ALGUES DE BRETAGNE

Poissons plats en filets
DULSE en rubans, SPAGHETTIS DE MER, LAITUE DE MER
Beurre salé
Petits légumes : pommes de terre, carotte, petits oignons
Fines herbes (ciboulette, persil, fenouil)
Bouillon de poisson (1 bol par personne)

Cette soupe de poisson est servie en Morbihan. En Charente elle se nommerait « chaudrée ». Ici, nous allons lui adjoindre des algues pour lui donner une nouvelle dimension plus marine.

Faites revenir les petits légumes coupés en morceaux avec les fines herbes. Assaisonnez. Lorsqu'ils commencent à prendre couleur, ajoutez les filets de poisson coupés en gros cubes. Faites revenir. Versez alors le bouillon de poisson. Laissez s'établir une douce ébullition.

Préparez les algues :

- DULSE et LAITUE DE MER juste rincées,
- SPAGHETTIS DE MER trempés 10 mn, cuits 15 mn dans très peu de bouillon.

Ajoutez-les 5 mn avant la fin de la cuisson.

Servez à chacun du poisson, chacune des 3 algues, des légumes, du bouillon et une grosse tranche de pain bis.

MEDAILLON DE LOTTE EN HABIT DE SIRENE

1 lotte de 500 g
Oseille
1 ananas
2 à 3 pincées de DULSE en paillettes et de CHEVEUX DE MER en paillettes
1/4 de litre de cidre (breton de préférence)
25 cl de crème fraîche liquide
Huile
Sel, poivre

Découpez la lotte en médaillons de 1 cm d'épaisseur environ, que vous assaisonnerez.

Faites sauter 1 mn sur chaque face dans de l'huile vierge additionnée d'une noisette de beurre. Réservez au chaud dans du papier absorbant.

Dégraissez la poêle et mettez à saisir l'ananas coupé en petits dés. Déglacez au cidre et faites réduire de moitié. A ce moment, incorporez les deux paillettes. Puis versez la crème fraîche ; elle sera réduite à petits bouillons en y ajoutant l'oseille fraîchement découpée en fines lamelles (« cheveux de sirène »).

Salez, poivrez, ajoutez une pointe de beurre. Nappez les médaillons de lotte avec cette sauce (l'oseille ciselée peut-être étuvée au beurre à feu vif auparavant).

RAIE AUX ALGUES DE BRETAGNE

Pour 4 personnes :
1 belle raie
1 c.s. de paillettes de DULSE
8 branches de SPAGHETTIS DE MER
2 c.s. de beurre salé
1 citron

Si vous employez des algues sèches, laissez tremper les SPAGHETTIS DE MER un bon quart d'heure.

Faites cuire la raie au court-bouillon ou à la vapeur. Les SPAGHETTIS DE MER seront cuits 10 mn à la vapeur : goûtez-les, ils doivent être *al dente.*

Préparez un beurre d'algues en mélangeant intimement des paillettes de DULSE réhumectées avec quelques gouttes de citron.

Dressez le poisson sur un plat. Sur chaque morceau, placez une noix de beurre qui va fondre doucement et parfumer le poisson, et 2 SPAGHETTIS DE MER noués.

Si l'on utilise du beurre doux, il faut ajouter du sel, l'algue elle-même ne suffisant pas à saler la préparation.

SAUMON AUX ALGUES

Pour 1 tranche de saumon frais :
Algue en branche : DULSE
ou LAITUE DE MER
1 noix de beurre salé
Aneth, fenouil

Préparez la tranche de saumon, salez-la copieusement avant de l'enrouler dans une algue en branche fraîche ou réhydratée (20% du poisson). Faites cuire à la vapeur ; en 5 mn c'est cuit avec toutes ses couleurs : rose, saumon, rouge. Arrosez d'un beurre fondu à l'aneth.

CREPE CAROLIN

(Ingrédients page suivante)

Préparez le mélange de poisson, fenouil et œuf. Ajoutez les algues en paillettes : telles quelles, s'il s'agit de DULSE, LAITUE DE

Par personne :
1 crêpe aux algues
1 c.s. de poisson cuit passé à la moulinette
1 c.s. de fenouil doux cuit (vapeur ou eau)
1 œuf
1 c.s. de paillettes d'algue
1 c.c. de crème fleurette (RB)
1 noisette de beurre salé
Chapelure blonde

MER, CHEVEUX DE MER ou LAITUE POURPRE, mais préalablement rehydratées et même un peu cuites déjà, dans très peu d'eau, si vous utilisez des paillettes de FOUET DE SORCIER ou de SPAGHETTI DE MER. Posez le mélange dans la crêpe et roulez-la. Posez les crêpes les unes à côté des autres dans un plat allant au four. Saupoudrez de chapelure et ajoutez quelques floches de beurre salé. Enfournez, pour gratiner, dans un four préchauffé pour une cuisson à thermostat 10, 6 à 7 mn. Servez brûlant arrosé de crème fleurette froide. Pour un repas de fête, vous pouvez saupoudrer d'œufs de saumon.

TERRINE DE POISSON

100 g de carottes
100 g de haricots verts
100 g de crevettes décortiquées
2 gros filets de cabillaud
1 pot de crème fraîche
1 grand verre de vin blanc
Sel, poivre
2 grosses c.s. de CARRAGAHEEN

Coupez les carottes en petits dés et faites-les cuire pendant 10 mn dans 1 litre d'eau + vin blanc, salé et poivré. Ajoutez les haricots émincés et laissez cuire encore 5 mn. Egouttez, faites cuire doucement le poisson 10 mn dans le jus des légumes ; retirez les filets, gardez le jus, ajoutez-y le CARRAGAHEEN et faites bouillir vivement 5 mn. Il ne doit rester que la moitié du jus. Ensuite, mettez le cabillaud et la crème fraîche dans le mixer, réduisez en purée, ajoutez les dés de haricots et de carottes, les crevettes coupées en petits morceaux, filtrez soigneusement le jus de la cuisson, ajoutez-le à la préparation. Remplissez un moule à cake, mettez au frais.

Il faut faire la terrine la veille pour la démouler facilement. A servir avec une sauce mayonnaise aux herbes ou de la crème fraîche.

Le « lichen » ou « pioca » en situation.

TERRINE DE POISSON TRUFFEE AUX EMBRUNS

200 g de saumon
100 g de filets de merlan
25 cl de crème fraîche
2 blancs d'œufs
Coriandre moulue
Estragon
4 à 5 feuilles réhydratées de FOUET DE SORCIER
2 à 3 pincées de LAITUE DE MER *en paillettes*
2 à 3 pincées de feuilles de LAITUE POURPRE
Sel, poivre.
Sauce légère :
10 cl de crème fraîche liquide
1 c.s. d'huile d'olive
1/2 citron
Fines herbes
Sel, poivre

Réhydratez les feuilles de LAITUE POURPRE dans un jus de citron pendant environ 10 mn.
Mettez de côté 2 lanières de saumon prélevées sur les filets, de la longueur de la terrine.

Mixez restes de saumon et filets de merlan préalablement coupés en dés. Ajoutez les blancs d'œufs légèrement fouettés, si possible dans un bain-marie de glace (RB), puis la crème fraîche liquide, l'estragon, la coriandre et la LAITUE DE MER. Salez, poivrez. Mélangez bien le tout.

Beurrez les parois de la terrine. Disposez une couche de farce (quelques centimètres). Posez dessus les 2 lanières de saumon en laissant un espace au milieu pour y placer les feuilles de LAITUE POURPRE enroulées. Finissez de remplir le moule en exerçant une pression légère avec une spatule afin d'obtenir un remplissage homogène.

Recouvrez le tout de façon uniforme avec des lames de FOUET DE SORCIER, puis d'une feuille d'aluminium. Lancez la cuisson au bain-marie jusqu'à ébullition, puis mettez à four chaud (200°C, thermostat 6), 35 mn.
La cuisson est bonne lorsque la lame du couteau ressort sèche. Mettez alors un poids de la dimension du moule dessus et laissez refroidir. Démoulez. Servez en tranches.

MOULES FARCIES A L'ARMENIENNE AUX ALGUES

Pour 4 personnes :
3 livres de moules de grosse taille
3 livres d'oignons
1 tasse d'huile
1 c.c. de sel
Poivre
1 tasse de riz
4 c.s. de SALADE DU PECHEUR

Laissez tremper les moules dans l'eau salée pendant 1 à 2 h avant de les gratter. Ouvrez les coquilles à la pointe du couteau : coupez le pédoncule, lavez la moule. Réservez les coquilles entières.

Coupez les oignons en petits morceaux. Faites-les dorer tout doucement dans l'huile jusqu'à ce qu'ils deviennent blonds et transparents.

Réhydratez les paillettes d'algues avec très peu d'eau ou de bouillon. Vous pourrez alors mélanger les algues, les oignons cuits et le riz cru préalablement lavé et égoutté.

Chaque coquille de moule sera remplie de farce ; il faut environ une cuillerée à café de mélange et une moule pour remplir une coquille. Réunissez les deux moitiés de coquille. Choisissez une cocotte à fond épais pour y ranger les moules, d'abord tête-bêche puis d'un rang sur l'autre. Versez dans la cocotte deux tasses d'eau. Couvrez d'une assiette renversée. Fermez la cocotte et laissez cuire à feu doux une bonne heure. Mangez les moules tièdes en hors-d'œuvre : c'est un grand plat.

JAMBON DE POISSON

Pour 4 personnes :
200 g de chair d'anguille
(ou d'un poisson équivalent)
800 g de chair de carpe
Beurre
Câpres
Sel, poivre
1/2 verre de vin blanc
FOUET DE SORCIER *(Laminaires)*

Inspiré d'une recette ancienne. Les algues remplaceront avec avantage le linge bien gras dont on entourait ce jambon reconstitué pour le faire cuire. Elles lui donneront saveur marine et moelleux, et pourront même être mangées.

Réservez la peau de la carpe. Coupez les câpres en 4 si elles sont grosses. Hachez finement les chairs de poissons, assaisonnez et ajoutez les câpres. Emplissez la peau de la carpe de ce mélange et recousez-la soigneusement. Enveloppez le tout avec les Laminaires bien réhydratées. Faites cuire à la vapeur ou mieux dans très peu d'eau à l'étouffée avec le vin blanc, pendant une vingtaine de minutes.

Servez chaud ou froid, comme un jambon.

Servez en même temps des pickles de la mer : salicorne, criste marine, algues diverses au vinaigre doux ou en saumure.

TOURTE IRLANDAISE AUX FRUITS DE MER

1 poignée de DULSE en branches ciselée ou 3 c.s. de DULSE en paillettes
200 g de fruits de mer décortiqués, préparés
Sel, poivre
1 oignon
1 bol de sauce blanche
1 œuf (le jaune)
Crème (1 petit pot)
Pâte feuilletée

Foncez un moule de pâte feuilletée et mettez au four (therm. 6) pour 10 mn.

Coupez l'oignon pour le faire blondir dans une sauteuse. Versez dessus les coquillages nettoyés. Faites-les ouvrir rapidement comme des moules marinières. Aussitôt entrebâillés, réservez les coquillages extraits de leur coquille. Passez le liquide de cuisson : il vous servira lors de la confection de la sauce blanche. En attendant, laissez-le refroidir et coupez dedans pour la réhydrater, la DULSE en branche.

Dans une petite casserole, faites fondre une noix de beurre salé, ajoutez une cuillerée rase de farine, tournez à la cuillère de bois sur petit feu ; après 5 mn de cuisson, versez le jus des coquillages et les algues, ajustez au besoin la quantité avec de l'eau. Tournez. Hors du feu, ajoutez le jaune d'œuf, puis la crème. Goûtez, précisez l'assaisonnement. Versez la sauce dans la tourte garnie des fruits de mer. Recouvrez d'une abaisse de pâte et fermez bien les bords sur leur contenu.

N'oubliez pas de badigeonner au jaune d'œuf peu après le début de la cuisson.

Cuisez à four chaud (therm.7) pendant une demi-heure environ. C'est délicieux chaud, meilleur tiède, acceptable froid.

(Recette exécutée à la Fournée, 21, rue St Jacques, à Paris)

SALADE DE POISSON CRU AUX ALGUES

Pour 4 personnes :
400 g de filets de poisson très frais
3 c.s. de jus de citron
4 c.s. de paillettes d'algues (DULSE, LAITUE DE MER ou SALADE DU PECHEUR)
3 oignons crus émincés très finement
2 petites gousses d'ail écrasées
Sauce de piment asiatique (selon votre goût)
1 c.c. de nuoc-mâm
Feuilles de laitue
*Menthe nana**
Coriandre en feuilles

Hachez le poisson cru au hachoir comme pour un steack tartare. Posez-le dans un saladier de terre ou de verre. Ajoutez le jus de citron et laissez-le ainsi mariner 8 heures au moins. En fait, le poisson sera cuit par le jus de citron. Ajoutez alors les algues, l'oignon et l'ail, le piment et le nuoc-mâm. Mélangez délicatement et laissez reposer un quart d'heure.

Au cœur d'une feuille de laitue, vous déposerez une cuillerée de salade de poisson avec une feuille de menthe et une de coriandre pour en confectionner une bouchée délicieusement fraîche. Une introduction de repas d'été !

*cf.p.240 bis

QUENELLES AUX ALGUES

Farce de poisson à laquelle on aura ajouté 1 c.s par portion de paillettes de LAITUE DE MER ou de CHEVEUX DE MER ou de LAITUE POURPRE au choix.

Farce de volaille à laquelle on aura ajouté des paillettes de DULSE en une semblable proportion.

Cette farce sera moulée à la cuillère ou dressée à la poche. Les quenelles seront couchées sur un plat beurré et recouvertes avec précaution de bouillon ou d'eau salée bouillants. Faitez-les pocher 10 à 12 minutes sur le coin du feu (elles ne doivent jamais bouillir).

GIGOT AU FOUET DE SORCIER

1 petit gigot de mouton
1 gousse d'ail
ou un bouquet de sauge
100 g de lames de FOUET DE SORCIER
Sel, poivre

Réhydratez les algues dans très peu d'eau pendant une demi-heure. Préparez le gigot en enfonçant près du manche la gousse d'ail ou le bouquet de sauge selon votre goût. Salez, poivrez. Disposez les algues comme des rubans posés côte à côte sur toute la surface du gigot. Cuisez à la vapeur un peu moins de temps que n'aurait duré sa cuisson au four.

Désenturbannez votre gigot de sa parure de mer. Coupez-le ; il est rosé, à point, avec un léger goût de coquillage qui rappelle les prés salés, et ô combien moelleuse est sa chair. Remerciez-en les algues... mais ne les mangez pas avec la viande.

Laminaria saccharina

AGNEAU A L'IROISE

1 kg d'agneau (gigot, épaule ou carré)
Sauce:
2 pincées de FOUET DE SORCIER *en poudre*
ou DULSE *en paillettes*
ou LAITUE POURPRE *en paillettes*
25 cl de crème fraîche liquide
2 bananes
1/4 l de vin blanc
Sel, poivre
Thym
Ail ou Sauge.

Préchauffez votre four 15 minutes à 220°C (thermostat 7).

Assaisonnez l'agneau (sel, poivre) et enduisez-le légèrement d'huile et de thym. Piquez de gousses ou de feuilles de sauge. Posez-le sur un plat à rôtir et enfournez. Faites cuire 20 mn en retournant et arrosant de temps en temps.

Réservez sur une grille enveloppée d'un papier aluminium. Faites rapidement la sauce. Dégraissez le jus de cuisson, jetez la graisse et mettez à revenir sur le feu les rondelles de bananes. Vous récupérerez ainsi les sucs de cuisson. Déglacez avec le vin blanc (dans le plat chaud), ajoutez 2 pincées de FOUET DE SORCIER en poudre.

Laissez réduire de moitié, puis ajoutez la crème fraîche liquide que vous ferez moutonner à feu moyen avec 2 pincées de DULSE et de LAITUE POURPRE en paillettes. Coupez la viande. Nappez les tranches d'agneau et servez.

ESCALOPES DE DINDE AU FOUET DE SORCIER

4 escalopes de dinde
2 FOUETS DE SORCIER
2 c.s. de thé fumé de Chine (type Lampsan Souchong)
2 bols d'eau
Farine
Œuf battu
Chapelure blonde (RB)
Beurre

Faites un thé de Chine, passez, ajoutez 1 FOUET DE SORCIER. Chauffez presque à ébullition. Laissez refroidir.

Vous laisserez mariner les escalopes de dinde juste recouvertes de cette préparation pendant 2 heures.

Sortez-les, égouttez bien. Posez sur un torchon.

Dans trois assiettes vous disposerez en les passant : farine, œuf battu, chapelure blonde. Trempez chaque escalope dans chacune de ces assiettes, en terminant par la chapelure. Cuisez au beurre (RB). Servez avec un citron. Ces escalopes au parfum aussi affirmé que délicat m'ont été cuisinées au printemps dernier par Paul Corcellet au cours d'un déjeuner d'amis.

SAUCISSE EN PAPILLOTE DE NEPTUNE

6 LAMINAIRES SACCHARINES jeunes
6 petites saucisses fumées (ou chipolatas)
Pommes de terre en robe des champs

Dans la région brestoise on trouve des saucisses dites « de Molène » ou « d'Ouessant » préparées traditionnellement dans ces îles après une macération de la viande dans du vin rouge. Elles sont ensuite fumées aux algues, ce qui contribue à leur donner un parfum très typé. A défaut de ce produit local, on peut utiliser des saucisses fumées ou des chipolatas classiques. On les roule dans de petites LAMINAIRES SACCHARINES que l'on maintient avec un bâtonnet, puis on met le tout à cuire à l'eau sur des pommes de terre en robe des champs. Quand celles-ci sont cuites, on peut servir ce plat simple et rustique sur une grande feuille du jardin (rhubarbe par exemple) ; c'est très sympathique et l'on se régale en accompagnant le tout d'une bonne moutarde à l'ancienne et d'une salade de saison.

DES ALGUES EN CONDIMENTS POUR RELEVER VOS REPAS DE FRUITS DE MER

5 à 10 g de paillettes de DULSE, LAITUE POURPRE, LAITUE DE MER, et CHEVEUX DE MER
5 à 10 g de feuilles de LAITUE DE MER, DULSE et LAITUE POURPRE
10 g de SPAGHETTIS DE MER
Huile
Vinaigre
Citron

Faites mariner les paillettes dans un jus de citron avec un peu d'huile, environ 15 mn, dans des récipients différents de préférence. Préparez des toasts beurrés.

La LAITUE DE MER en feuilles sera pochée (eau bouillante) 5 mn, puis refroidie et assaisonnée.

La DULSE et la LAITUE POURPRE seront enrobées d'huile vierge et de citron pendant 15 mn.

Les SPAGHETTIS DE MER, cuits à la vapeur 15 mn, puis refroidis, seront légèrement vinaigrés.

Disposées sur une grande assiette, ces algues accompagneront un plateau de fruits de mer. Gastronomie et macrobiotique salueront ensemble un plat délicieux et sainement équilibré.

ALGUES EN CONDIMENT A L'INDIENNE

1 bol d'algues diverses (WAKAME, LAITUE POURPRE, DULSE, LAITUE DE MER) fraîches, tendres, ciselées
1 petite boîte (ou 1 bouteille) de lait de coco
2 citrons verts
Epices (cardamome, cumin, coriandre, gingembre frais, etc.)

Arrosez les algues préparées de jus de citron vert, mélangez bien. Ajoutez les épices, selon votre goût, et le lait de coco. Laissez macérer le tout une bonne heure. Goûtez. Rectifiez le sel.

Vous utiliserez ce délicieux condiment avec des céréales (riz, boulghour) ou avec des chairs blanches de poisson, poulet, dinde, grenouille.

BEURRE AUX ALGUES

Pour 100 g
85 g de beurre salé
LAITUE DE MER ou DULSE ou 15 g de CHEVEUX DE MER

Mélangez l'algue choisie et le beurre dans la proportion de 10 à 20% selon votre goût. Malaxez bien les ingrédients à la fourchette*. Laissez reposer ce beurre une demi-heure avant de vous en servir pour :

- tartiner le pain des huîtres ou les « mouillettes » de l'œuf à la coque ;
- des toasts chauds ou froids. Vous choisi-

rez le pain de seigle pour une harmonie optimale ;
- le poser, en beurre aromatique, sur un poisson ou un coquillage poché ou frit,
- etc.

*En fait, le plus efficace et le plus rapide est de malaxer beurre et algues avec les mains (des mains auparavant très bien lavées et aux ongles soigneusement brossés.)

BEURRE BLANC A LA LAITUE DE MER

Pour 4 personnes :
1 belle échalote
1 c.s. d'eau chaude ou de Court-bouillon
2 c.s. de vinaigre
200 g de beurre salé
4 c.s. de LAITUE DE MER
(branches ciselées ou paillettes)

Hachez finement échalote et LAITUE DE MER. Ajoutez le vinaigre. Faites bouillir jusqu'à évaporation du vinaigre. Ajoutez alors le liquide (eau chaude ou court-bouillon). Placez la casserole au bain-marie et chauffez doucement. Vous aurez préparé votre beurre en petites lamelles ; incorporez-le au mélange en fouettant. Peu à peu votre sauce se forme. Lorsque le dernier morceau de beurre aura fondu, laissez cuire quelques minutes encore. Versez dans une saucière tiède et servez immédiatement. Parfait avec un poisson.

FOUET DE SORCIER EN GOURMANDISE (plat salé)

Soupe aux légumes
3 lames de FOUET DE SORCIER
1 c.s. de sauce de soja ou de sauce Maggi

Faites cuire quelques lames de FOUET DE SORCIER dans une soupe aux légumes. Réservez-les.

Dans une poêle, posez l'algue coupée en morceaux avec un peu de bouillon et de sauce de soja. Faites réduire. Laissez refroidir : c'est tendre et exquis. Mangez-en 1 ou 2 morceaux de temps en temps comme gourmandise.

MAYONNAISE AUX ALGUES

L'idéal serait que tous les ingrédients soient à la température de la pièce. Dans un grand bol, déposez le jaune d'œuf, tournez doucement à la cuillère de bois ; ajoutez sel fin, poivre moulu et la demi cuillerée de moutarde, tournez ; versez régulièrement l'huile goutte à goutte en remuant sans discontinuer et à la même vitesse. Les ingrédients s'émulsifient, la mayonnaise se fait. Ajoutez alors prudemment du vinaigre ; elle se liquéfie. Ne vous troublez pas et recommencez à verser l'huile goutte à goutte, les gouttes étant de plus en plus nombreuses : la mayonnaise monte. Ajoutez le reste du vinaigre et, par petites quantités, les paillettes d'algues réhydratées de quelques gouttes d'eau ou, mieux, de vin blanc. Tournez. Reprenez les adjonctions d'huile et, une fois la mayonnaise bien montée, laissez-la prendre goût une petite demi-heure.

Superbe mayonnaise verte pour accompagner le colin froid, les nouveaux bâtonnets de crabe ou un vrai tourteau, des bulots et même un gigot de mouton froid.

Pour 2 personnes :
1 jaune d'œuf bien frais
1/2 c.c. de moutarde au citron
1 c.c. de vinaigre de vin
Huile sans goût particulier
Sel, poivre
2 c.s. rases de paillettess d'algues :
CHEVEUX DE MER, LAITUE DE MER, SALADE DU PECHEUR
(l'une ou l'autre au choix)

SAUCE DE MAITRE JEAN

1 c.s. de nuoc-mâm
1 jus de citron vert
1 c.s. de LAITUE DE MER
en paillettes (ou CHEVEUX DE MER)

Mêlez nuoc-mâm, jus de citron et algues en paillettes. Laissez-les macérer une vingtaine de minutes. Cette sauce est excellente pour accompagner des coquilles Saint-Jacques, un poulet cuit à la vapeur.

Je l'essaierai, au printemps prochain, sur des pousses de fougère grand aigle*.

*cf. « La Cuisine des plantes sauvages », du même auteur.

SAUCE FLASH AUX ALGUES

SALADE DU PECHEUR
(DULSE, LAITUE DE MER, LAITUE POURPRE)
Citron ou vinaigre. Sel.

Vous emploierez cette sauce lorsqu'au dernier moment vous aurez dit : « Ah ! quel dommage de ne pas avoir pensé à mettre des algues dans cette préparation ». Evidemment, c'est une préparation

salée. Dans une petite saucière, déposez 1 c.s. de SALADE DU PECHEUR par personne, ajoutez du jus de citron ou du vinaigre doux (de cidre, de salicorne, de vin blanc), juste de quoi recouvrir les flocons. Tournez. Laissez macérer quelques minutes (le plus sera le mieux). Votre sauce est prête et chacun l'ajoutera à ses convenances à :
- une salade de crudités,
- du riz ou des pâtes,
- des haricots verts cuits,
- un poisson au four dans une sauce crémeuse,
- d'un avocat,
- etc.

COMPOTE DE PECHES AUX CUBES DE MENTHE

1 dose d'AGAR-AGAR
2 c.s. de menthe sèche
ou 4 c.s. de menthe fraîche
3 à 4 pêches (selon grosseur)
2 c.s. de sucre
1/2 l d'eau

Faites une compote de pêches d'une part, une gelée d'AGAR-AGAR à la menthe d'autre part.

Pour la compote de pêches, confectionnez un sirop avec le sucre et l'eau. Faites bouillonner. Jetez-y les pêches épluchées et coupées en gros morceaux. Aussitôt les morceaux de fruits attendris, ne les laissez pas se défaire, arrêtez la cuisson et laissez refroidir.

Préparez une infusion sucrée de menthe : elle sera moyennement sucrée mais riche en menthe du type menthe poivrée. Une fois prête, passée, encore chaude, versez dans cette solution la dose adéquate d'AGAR-AGAR. Faites bouillir 1 minute. Versez dans un plat creux, autant que possible rectangulaire, sur une épaisseur de 1 cm. Laissez refroidir et prendre au réfrigérateur. Sortez la gelée du réfrigérateur, divisez-la en cubes de 1 cm de côté. Démoulez en trempant le plat brièvement dans l'eau chaude. Répartissez les petits cubes verts dans la compote de pêches rafraîchie (pour un vert plus intense vous pouvez ajouter un peu de sirop de menthe à la gelée mais diminuez d'autant la teneur en sucre).

COURONNE DE FRUITS EN GELEE D'ALGUE

Pour 4 personnes :
1 litre d'eau de source
AGAR-AGAR (dose pour 1 l)
2 c.s. de sucre roux
1 kg de fruits de saison
1 pincée de sel
1 citron

Faites cuire quelques minutes les fruits à peau à la vapeur afin de pouvoir les éplucher facilement. Coupez les fruits en gros morceaux équivalents. Faites-les pocher 5 minutes dans un sirop composé de sucre, eau, citron, sel. Réservez. Faites dissoudre l'AGAR-AGAR dans un peu d'eau froide que vous verserez dans le sirop bouillonnant. Laissez cuire 5 minutes.

Préparez un moule (bol, moule à savarin, moule à kugelhof mais c'est plus difficile à démouler), passez-le à l'eau froide sans l'essuyer. Versez-y les fruits bien répartis puis la gelée encore chaude. Laissez refroidir puis mettez en un endroit frais pour au moins deux heures.

Démoulez en trempant le bas du moule dans l'eau chaude. C'est splendide et si frais !

Renversez délicatement sur le plat de service.

LE DESSERT DE LUANG

Gelée d'algues chinoise : 1 boîte ou le même volume d'AGAR-AGAR préparé avec gros comme une noix de gingembre
Eau
Sucre de canne

Luang était l'ami de mon fils Jérôme. Déraciné de son pays, il venait d'arriver en France, découvrait tout, à la fois avec intérêt, humour et vélocité. De temps en temps, les deux adolescents « cuisinaient » et je riais de les voir éplucher les carottes en bavardant, chacun râclant le légume dans un sens opposé. Luang aimait souvent nous faire des desserts de son pays et c'était très réussi. Celui-ci est à base de gelée d'algues

Luang faisait bouillir le gingembre épluché dans de l'eau. La préparation était passée et sucrée, puis refroidie et glacée. Il découpait alors la gelée d'algues en petits fragments consistants et en versait 2 c.c. par verre qu'il complétait avec l'infusion de gingembre glacée. C'est un délicieux rafraîchissement d'été.

GATEAU D'ALGUES AU SERIKAYA (Recette indienne)

Pour 4 personnes :
5 g d'AGAR-AGAR
50 g de sucre
1 litre d'eau
Serikaya :
2 œufs
40 g de sucre en poudre
500 g de crème de noix de coco

Versez dans une casserole l'eau, le sucre et l'AGAR-AGAR; faites bouillir environ 5 mn. Vérifiez que le sucre est bien fondu.

Préparez un moule : passez-le sous l'eau froide, ne l'égouttez pas. Versez alors la préparation en la passant. Dès son complet refroidissement, entreposez-la au réfrigérateur 2 ou 3 heures.

Au moment de servir, confectionnez la sauce d'accompagnement, le serikaya. Mélangez les œufs et le sucre, versez la crème de coco sans cesser de battre. Faites cuire le tout en remuant au bain-marie jusqu'à épaississement (10 mn environ).

Démoulez le gâteau d'algues sur le plat de service. Présentez la sauce à part, chaude ou froide.

GATEAU D'ALGUES BRETON

1 poignée de CARRAGAHEEN

Préparez l'algue (cf p. 78). Faites-la bouillir une dizaine de minutes dans le lait sucré.

Préparez un plat creux du type bol : rincez-le à l'eau froide sans l'essuyer. Vous verserez le lait bouillant en le passant. Laissez refroidir puis mettez au frais (réfrigérateur, cave) quelques heures. Démoulez sur le plat de service. Servez.

Ceci est la recette traditionnelle, dessert léger et reconstituant. Mais rien ne vous empêche de jouer avec cette recette : servez le gâteau avec de la crème, un coulis de fruits, surmonté de fruits multicolores (tranches très fines de kiwi et de cerises confites, tranches de prunes fraîches, d'abricots, dés de poires ou de pêches) ou de fleurs comestibles (violettes, primevères -mais seulement celles des bois-, pétales d'églantines débarrassés de leur onglet). Mais il est essentiel de garder à l'esprit la saveur très fine de la préparation et de ne pas l'écraser avec une tonalité trop forte (genre cassis).

1 litre de lait
100 g de sucre

GELEE EPICEE AU LAIT DE COCO

Pour 4 personnes
4 tasses d'eau
1 poignée de CARRAGAHEEN
ou 1 sachet (2 g) d'AGAR-AGAR
1 capsule pilée de cardamome
1 bâton de cannelle ou 1 c.c. de cannelle en poudre
1 bol de sucre de canne
1 tasse de lait de coco
1 pincée de sel

Vous emploierez l'une ou l'autre algue selon la consistance que vous voudrez obtenir, plus cassante avec l'AGAR-AGAR, plus souple et gélatineuse avec le CARRAGAHEEN. Mélangez l'algue, les épices et les tasses d'eau froide. Faites cuire le tout une dizaine de minutes. Ajoutez le sucre en remuant. Versez le lait de coco. Continuez à remuer. N'oubliez pas la pincée de sel fin.

Vous aurez préparé un moule (bol, plat creux) rincé à l'eau froide et juste égoutté. Versez-y la préparation après l'avoir passée au chinois. Laissez-la refroidir puis prendre pendant 2 heures au réfrigérateur. Vous la démoulerez facilement en trempant le plat dans de l'eau chaude à mi-corps. C'est aussi un plat sucré des Indes.

JELLO

*2 doses d'*AGAR-AGAR *ou une poignée de* CARRAGAHEEN
3/4 d'un petit bol d'eau
1/2 bol de sucre en poudre
1 bol 1/2 de jus d'orange
6 c.s. de jus de citron
Sel fin
Accessoires (fleurs ou fruits décoratifs et comestibles)

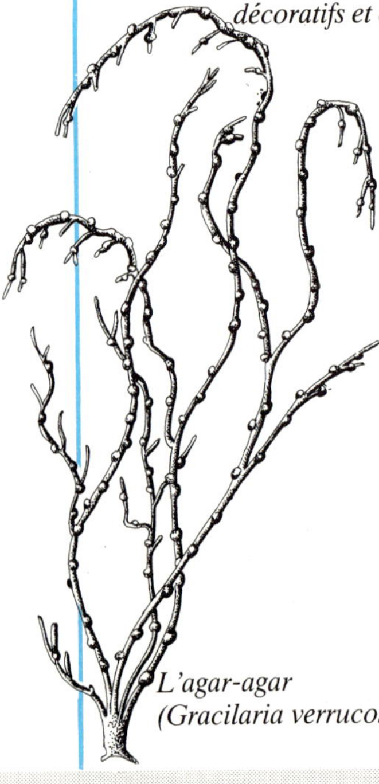

L'agar-agar (Gracilaria verrucosa)

Faites chauffer et bouillir 1 mn l'algue en poudre (ou poignée de CARRAGAHEEN préparée - cf. p.). Ajoutez le sucre, une pincée de sel fin et remuez jusqu'à dissolution ; versez alors les jus de citron et d'orange. Disposez au fond d'un bol ou d'un saladier humidifié un petit décor tel qu'une belle fleur de primevère des bois, un semis de pétales de violettes, quatre pétales de coquelicot en croix : vous aurez soin, bien entendu, de les poser la face contre le fond du bol. Versez délicatement la préparation dessus. Laissez refroidir puis prendre au réfrigérateur quelques heures. Démoulez en trempant le bol à mi-corps dans l'eau chaude. Renversez sur le plat de service.

C'est joli et très amusant. Bien meilleur fait avec des jus naturels plutôt qu'avec des jus achetés tout faits dans le commerce. Je doute que vous en trouviez en France, mais aux Etats Unis j'ai vu des rayons entiers dans un grand supermarché uniquement remplis de « jello » de toutes sortes. Souvenir de la lointaine Grande-Bretagne et d'un temps où l'on consommait couramment des algues.

SUCRERIES EN LOSANGES (Recette indienne)

Pour 4 personnes
AGAR-AGAR *(3 g)*

Versez dans une casserole l'eau et le lait de coco, le sucre et l'algue. Faites-les bouillir 5 minutes. Versez le tout en passant dans un moule rectangulair de façon à obtenir une épaisseur d'environ 2 cm. Laissez refroidir. Avant de mettre la préparation au réfrigérateur versez dessus le reste du lait de coco.

Il ne vous restera plus, après 1 à 2 heures au frais, qu'à découper en losanges que vous servirez à l'heure du thé en gourmandise ou pour tempérer l'ardeur d'un curry épicé.

80 cl de lait de coco
et 20 cl en réserve
150 g de sucre (si vous n'avez pas de sirop de canne)
1/2 litre d'eau

BOISSON COUP DE FOUET

1 jaune d'œuf cru très frais
1 petit verre de Porto
1/2 c.c. de SPIRULINE

Bien mélanger le tout (au mixer est le mieux). Servir aussitôt. Boisson traditionnelle connue sous le nom de Porto-flip, pour son côté énergisant, ici redoublé par la présence de SPIRULINE.

UNE DELICIEUSE BOISSON DE SANTE

5 carottes, 1 oignon
4 côtes de choux + 1 trognon tendre
1 c.c. de vinaigre de cidre
SPIRULINE : le contenu de 2 gélules.

Un remontant quotidien pour après la grippe. Mettre les ingrédients dans un extracteur à jus. Mélangez. C'est beau, c'est bon. Boire à température ambiante et à petites gorgées.

JUS DE FRUITS A L'AMERICAINE

Pour 4 personnes :
1 sachet (ou 1/2 c.c. d'AGAR-AGAR)
1/2 litre de jus de pomme
1/2 litre de jus d'oranges fraîchement pressées
1/2 litre de glace en miette
A préparer au moment de servir.

Tout d'abord faites fondre l'AGAR-AGAR dans le jus de pomm : pour ce faire, laissez bouillir doucement en remuant jusqu'à complète dissolution de la poudre. Laissez refroidir quelque peu pour ne pas abîmer le jus d'oranges frais.
Versez dans un mixer votre mélange, le jus d'oranges, les glaçons*. Faites tourner votre machine à grande vitesse jusqu'à un parfait mélange des ingrédients. Préparez 4 grands verres à jus de fruits. Servez immédiatement cette boisson fraîche et onctueuse dont la belle couleur orangée vous réjouira.

*Pour obtenir des glaçons en miettes : enfermez vos glaçons en cubes dans un torchon propre et brisez-les au marteau.

«KYAUK KYAW» (prononcez chau-chau) Recette birmane

AGAR-AGAR
*sucre de palme**
Eau de rose
Eau glacée et glace pilée

** à acheter dans les épiceries exotiques*

Sur le marché de Rangoon, on vend une petite algue gélifiante, dont le nom birman signifie « pierre-fleur ». Son nom scientifique est *Eucheuma gelatinae.* Nous la remplacerons dans cette recette par de l'AGAR-AGAR. En Birmanie, cette boisson est vendue très couramment dans la rue.

Confectionnez un sirop de sucre de palme. Parfumez-le à la rose dès son refroidissement. Préparez d'autre part une gelée d'AGAR-AGAR (suivez les proportions indiquées sur les sachets), sinon achetez une boîte de gelée d'algues dans une épicerie chinoise. Découpez la gelée en très fines lamelles.

Dans chaque verre, mettez, pour 1 cuillerée de lamelles de gelée, 1 cuillerée de sirop parfumé ; ajoutez la glace pilée puis l'eau glacée. Mélangez soigneusement avant de servir. C'est une délicieuse boisson de canicule.

«TISANE DU BATHYSCAPHE» de Robert Landry

30 g de FOUET DE SORCIER en flocons
1 kg de tomates bien mûres
1/2 l d'eau minérale plate
10 g de fenouil en grains
4 brins de cerfeuil frais
4 g de glutamate

« Faites bouillir les flocons d'algues 30 secondes dans l'eau puis infuser 20 minutes, avec les graines de fenouil. Filtrez et laissez ensuite le liquide au froid.

Epluchez les tomates après les avoir trempées dans de l'eau bouillante. Concassez-les, puis passez-les au mixer. Recueillez le jus des tomates fraîches (d'un goût incomparable), mélangez-le à l'infusion d'algues et fenouil, avec le glutamate. Gardez au frais et servez avec un brin de cerfeuil dans chaque bol ».

BAIN-MARIE

Il peut être brûlant ou de glace. Le bain-marie se fait à l'aide d'un récipient (grande casserole, plat de terre, plat du four) que l'on remplira d'eau de façon que le plat de cuisson y trempe. Ce procédé simple permet de maintenir une température uniforme et plus douce qu'avec un chauffage direct. On cuit au bain-marie les crèmes caramel, les sauces hollandaises, etc. Pour d'autres préparations (quenelles de poisson par exemple), on utilise le procédé du bain-marie avec de la glace pilée.

BOUQUET GARNI

Pour 3 à 4 brins de persil simple (avec la queue) :
1 petite feuille de laurier-sauce
2 brins de thym frais ou
1 de thym sec.

Liez à la ficelle de cuisine (ou au fil de coton).
Vous pouvez ajouter un morceau de céleri en branches et, pour les préparations iodées, 1 lame de FOUET DE SORCIER.

BROUILLADE D'ŒUFS

1 c.s. de beurre frais
4 œufs
Sel, poivre
Bain-marie

Dans une petite casserole, faites fondre doucement le beurre. Préparez votre bain-marie avec une casserole plus grande. Lorsque l'eau bout, portez-y la casserole au beurre, versez-y les œufs entiers. Avec une cuillère de bois, tournez sans cesse. Arrêtez la cuisson au « moelleux-mouillé »; plus tard la brouillade serait finalement trop cuite.

CHAPELURES

Bien sûr vous pouvez l'acheter toute prête, mais il est très simple de la faire soi-même.

Séparez croûte et mie du pain au couteau.
Mettez le tout dans un four chauffé à thermostat 1 ou 2 ; laissez le four entrouvert.

Quelques minutes plus tard, désséchées, elles sont prêtes à l'écrasement (dans un torchon et avec un rouleau à pâtisserie ou une bouteille), et vous aurez ainsi :
- de la chapelure brune (la croûte) ;
- de la chapelure blonde (la mie un peu dorée).

Conservez chacune dans un pot hermétique à l'abri de l'humidité. En cas d'urgence, écrasez une biscotte.

ESCALOPE PANEE

Escalope
Farine
Œuf
Chapelure

Trempez l'escalope dans la farine ; secouez légèrement. Passez rapidement dans l'œuf bien battu, puis passez dans la chapelure.

Pendant ce temps, vous aurez mis à fondre une bonne cuillerée de beurre dans la poêle. Lorsque le beurre est presque fondu, posez l'escalope ; faites cuire doucement jusqu'à ce qu'elle soit dorée, retournez, et faites cuire de même. Elle sera, dans votre assiette, sèche - ne disait-on pas de l'escalope viennoise qu'une dame devait pouvoir s'asseoir dessus sans tacher sa robe ? -, dorée et onctueuse lorsque vous la couperez.

« ESCALOPER »

« Escaloper » veut dire trancher dans la masse d'une chair (poisson, viande), généralement en biais de façon à obtenir de petites escalopes.

FUMET DE POISSON

Parures et arêtes de poissons
Carapaces de crustacés, de crevettes
Thym, laurier, sel, poivre

Le tout doit frémir et réduire une demi-heure. *(Eau tiède à ras bord).*

Rien de plus simple, mais extraordinairement parfumé. Le fumet peut même être congelé.

SAUCE DE SOJA

C'est le sel des Japonais. Connue au Japon depuis l'an 710, elle l'était également à la Cour du Roi Louis XIV, commercialisée par les Hollandais.

Le « bouillon Maggi » a tenté (vers 1877) de reconstituer cette saveur ; sous forme liquide, il remplace souvent la sauce de soja.

La sauce de soja traditionnelle subit une fermentation de longue durée (généralement au moins 6 mois). On en trouve deux types dans les magasins de produits naturels : le tamari, fait uniquement avec du soja, et le shoyu, fait avec un mélange de blé et de soja. Les sauces de soja bon marché que l'on trouve dans les boutiques orientales sont le plus souvent faites industriellement, en 24 heures, à grand renfort de produits chimiques.

Ajoutez la sauce de soja en cours de cuisson, sans en abuser car elle est très salée.

Tourte aux algues et aux fruits de mer. Préparée sur commande par Serge Noré, pâtissier à Paris.

Plat assez sophistiqué. Quand les chefs parisiens cuisinent les algues (Le Pactole, bd St-Germain).

MENTHE NANA

Variété de menthe à feuilles assez larges et crêpelées, douces au goût. On la trouve vendue fraîche en bouquet dans les épiceries asiatiques.

GINGEMBRE

Rhizome exotique. Sa forme ressemble souvent à une main. On le trouve dans les épiceries exotiques. Choisissez-le ferme, frais. Epluchez-le avant de le couper ou râper.

«PASSER A LA SERVIETTE»

Un potage se clarifie en transvasant le liquide chaud dans un autre récipient au travers d'une serviette mouillée à l'eau puis tordue. Elle retient les graisses.

MACIS

Arille de la noix de muscade : son parfum est plus délicat que celui de la noix de muscade qu'il entoure. Se trouve dans les bonnes épiceries fines (séché ou en poudre).

PIMENT EN SAUCE

Préparation asiatique du piment très pratique d'emploi et de très longue et bonne conservation. Vous pourriez le préparer aussi par macération de petits piments dans l'huile.

CREME FLEURETTE

Laissez du lait de ferme frais reposer dans une jarre ou un pot de verre, au frais. Le lendemain matin, recueillez la crème qui est « montée » durant la nuit à la surface : c'est la crème fleurette.

CHAUDRONNEE

Souper de poissons d'eau douce analogue à la bouillabaisse.

SAINDOUX

A choisir de bonne qualité. Peut être remplacé, bien sûr, par une autre graisse appropriée.

Nous remercions tous ceux qui nous ont adressé
les recettes de « leur » cuisine aux algues :
Bernard Menez, chef de cuisine à Toulouse,
recettes p. 107, 108, 109, 130, 139, 144, 153, 157, 195, 200, 209,
Charles Maggio, « Le Jardin des Pâtes », 4, rue Lacépède, Paris,
recette p. 122,
Patrick Jeffroy, Plounérin près de Morlaix. (p. 102),
Le chef du restaurant « La reposée » à Liffré,
près de Rennes, recette p. 193,
J.Y. Crenn, « Le Temps de Vivre », à Roscoff, recette p. 150,
Madame Christiane Brannelec,
spécialiste d'algues en nutrition à Brest,
recettes p. 101, 104, 111, 112, 155, 211, 218,
Madame Arbona de Saint-Malo, recette p. 143,
M. Le Gall, traiteur, « La Mouette », 24, rue du Manoir de Sauvigné à Rennes,
recette p. 199.

POSTFACE

Les algues bercent leurs lames colorées d'un bout à l'autre des océans.

Premières plantes de la planète, elles ont esquissé toutes les formes végétales. Certaines d'entre elles se sont différenciées, à l'aube des temps, pour devenir les herbes et les arbres, les végétaux qui nous entourent. Mais les autres sont restées, inchangées, dans leur élément matriciel : la mer, ce même fluide, à peine modifié, qui coule dans nos veines.

Les algues, précieux éléments de notre vie, redécouverte de notre temps, réponse à nos carences de civilisation, goûts nouveaux, déferlent sur le marché. Elles sont déjà dans nos assiettes, sur notre peau, dans l'arsenal des thérapeutes.

Nous avons voulu, au moment où elles vous abordent, vous donner ce « fil d'Ariane » qu'est un bon mode d'emploi. Il va vous permettre d'utiliser les algues en toute sécurité, avec efficacité et, comme pour nous, avec un bien grand plaisir.

C'est ce que nous vous souhaitons.

BIBLIOGRAPHIE

Si vous désirez avoir des renseignements complémentaires, vous pourrez consulter les ouvrages suivants :

Généralités

- René QUINTON : « La mer, milieu organique » -(Masson) - Paris, 1904.
- Camille SAUVAGEAU : « Utilisation des algues marines » -(Ed. O. Doin) - Paris, 1920.

- Société pour l'Etude et la Protection de la Nature en Bretagne : « Les algues marines et leurs utilisations » -(Numéro spécial de : Penn-Ar-Bed)- Juin 1964.
- Pierre TARDY : « Récolte et utilisation des plantes marines par les agriculteurs de l'île de Ré » - (Les amis de l'île de Ré - n° 3, p. 39-51) - 1973.
- Seibin et Taruko ARASAKI : « Les légumes de mer, comment être et paraître en forme » - (Guy Trédaniel - Ed. de la Maisnie) - Japon, 1977 - Paris, 1985.
- V.J. et D.J. CHAPMAN : « Seaweeds and their Uses » - (Chapman and Hall) - Londres, 1980.
- Philippe JACQUIN : « Le goémonier » - Prétexte de Pierre JAKEZ-HELIAS (Métiers d'hier et d'aujourd'hui - Berger-Levrault) - Paris, 1980.
- C. CHASSE : « Nous, les Algues, la Vie ... » - (Le Compas n° 25) - Paris, février 1986.
- Reinhart WOLF et Angela TERZANI : « Le Goût du Japon » -(Flammarion) - Paris, 1987.
- Pierre ARZEL : « Les goémoniers ». Ar Men N° 7.

Botanique

- H. des ABBAYES, M. CHADEFAUD, J. FELDMANN, Y. de FERRE, H. GAUSSEN, P.-P. GRASSE, A.R. PREVOT : « Précis de Botanique », tome 1 : Végétaux inférieurs - (Masson) 1978.
- Marcel BOURNERIAS, Charles POMEROL, Yves TURQUIER :
. « La Bretagne du Mont St-Michel à la Point du Raz » (1985)
. « La Bretagne de la Pointe du Raz à l'estuaire de la Loire » (1986)
Guides naturalistes des côtes de France - (Delachaux & Niestlé) - Neuchâtel - Paris - 1985 & 1986.

- Paulette GAYRAL et Joël COSSON : « Connaître et reconnaître les algues marines » (Ouest-France) - 1986.

Thalassothérapie et cosmétologie

- J. GUELFY et J.P. TOUJAS : « Etude isotropique de la pénétration des ions marins dans l'organisme immergé soumis à une application d'algues » - (Faculté de Médecine) - Rennes, 1952.

- M. CARAMES de GOUVEA : « Seaweeds in cosmetics - Cosmetics and Toiletries » - Rio de Janeiro, 1980.
- Alain DOGLIANI : « Les richesses de la mer et leurs applications en cosmétologie » - Communication XXXX Cidesco World Congress - Wien (1981) - Symposium Mondial d'Esthétique - Cannes, 1981.
- A.H. DIZERBO : « Algologues de Bretagne » - (Penn-Ar-Bed) - juillet 1982.
- J.Y. FLOC'H : « Biologie des algues appliquée en Bretagne » - (Penn-Ar-Bed) - Juillet 1982.

Cuisine et diététique

- Jules GOUFFÉ : « Le livre des soupes et des potages » (Librairie Hachette et Cie) - Paris, 1975.
- Nancy J. TURNER : « Food plants of British Columbia Indians » Part 1 : Coastal Peoples (British Columbia Provincial - Handbook n° 34) - 1975.
- Eddie H. HARA : « Algues dans la cuisine macrobiotique » - (Guy Trédaniel - Ed. de la Maisnie) - Paris, 1983.
- Roger PHILLIPS : « Wild food » (Pan Books) - Londres, 1983.
- J. ADRIAN : « Les algues Laminaires sont-elles acceptables en alimentation humaine » (Med. et Nut., t. XXI, fasc.1) 1985.

- Patrick JEFFROY et Louis PRISER : « Plaisirs du bord de mer » (LJS Editions) - Morlaix, 1987.

Vous trouverez certains de ces ouvrages en librairie, d'autres dans des comptes-rendus scientifiques accessibles dans les bibliothèques de Faculté (Pharmacie, Médecine).

Nous remercions ceux qui nous ont écouté et aidé de leurs conseils
out au long de cette rédaction :

- Guy et Dany Balahy qui guidèrent mes premiers pas dans la cuisine des algues;
- Lucien Bernot, professeur au Collège de France;
- Le Centre d'Etudes et de Valorisation des Algues à Pleubian, Côtes du Nord;
- Jacqueline Cabioch, professeur d'Algologie à la Station biologique de Roscoff, Finistère;
- Pierre Delaveau, professeur de Pharmacognosie à la Faculté de Pharmacie de Paris V;
- Eddie Hara, merveilleux ami, cuisinier inventif, auteur d'un très beau livre sur la cuisine macrobiotique des algues;
- Isabelle Hervé, Laboratoire Goëmar, à Saint-Malo;
- Docteur Michel Morvan, Président du Groupe de Thalassothérapie à la Sté de Thermalisme et Thalassothérapie bucco-dentaire;
- Docteur Patrick Van Vooren, Directeur de l'Institut Marin Rockroum Roscoff, Finistère;
- Jean Vasserot de la Station biologique de Roscoff.

Ceux aussi qui, sur place, en bord de mer, assurent la récolte et la conservation des algues avant toute transformation.
A la base de cette nouvelle industrie, pionniers, passionnés, ils ont si souvent assuré avec nous le dialogue "algues"; je remercie en particulier Jean-François Arbona, Jean Balcon, Gérard Constant, Michel Coz, Michel Petit et Patrick Podeur.
Je n'aurai garde d'oublier ceux qui ont veillé à la rédaction de cet ouvrage avec patience et compétence.

Index général

Les références importantes sont en caractères gras. Pour la correspondance entre les différents noms d'algues, se reporter au tableau de la page 73.

Index des recettes

Index des algues employées dans les recettes

Autres publications de Terre Vivante

• MON PARADIS

par Heinz Erven - 115 pages - 41 photos en couleur - 64 F.

Son paradis ? L'auteur n'y va pas par quatre chemins. Il n'en a choisi qu'un : le jardinage biologique.
Ce livre vous conduira à la découverte d'un homme merveilleux et passionnant : Heinz Eren. Il vous dévoilera, sans réserves, les secrets qui lui ont permis de faire, d'un coin de forêt, un véritable paradis sur terre.
Une lecture indispensable aux sceptiques et aux enthousiastes, à tous les amoureux de leur jardin, à tous les amoureux de la nature.

• RAVAGEURS ET MALADIES AU JARDIN - LES SOLUTIONS BIOLOGIQUES

par O. Schmid et S. Henggeler. Nouvelle édition revue et augmentée
248 pages - 71 dessins - 12 pages de photos en couleurs - 95 F.

Reconnaître aisément les ennemis du jardin et lutter contre eux en utilisant des moyens inoffensifs et non polluants. C'est possible ! Ce livre vous dira comment !

• L'ASSIETTE AUX CÉRÉALES

par Claude Aubert - 216 pages - 59 dessins - 66 F.

Céréales, légumes, légumineuses, bases d'une alimentation saine, composent ici des repas d'un genre nouveau, redoutablement économiques, merveilleusement savoureux.
Un livre nourri de science et de simplicité, où le sage agronome Claude Aubert ne dédaigne pas de se coiffer de la toque du cuisinier.

• ONZE QUESTIONS-CLÉS SUR L'AGRICULTURE, L'ALIMENTATION, LA SANTÉ, LE TIERS-MONDE

par Claude Aubert - 218 pages - 67 F.

Aux questions que se posent tous ceux qui s'intéressent au Tiers-Monde, ce livre apporte des solutions nouvelles et réalistes, qui mettent en œuvre des techniques simples, créatrices d'emplois, peu exigeantes en capital, non polluantes, sans risques pour la santé.
Lecture urgente pour certains, lecture importante pour tous.

• COMMENT REVIVRE PAR LE JEÛNE

par le Dr Hellmut Lützner - 96 pages - 52 F

Ce livre est un mode d'emploi. Il vous dit tout ce que vous avez besoin de savoir pour tenter et réussir une expérience extraordinaire : jeûner tout seul une semaine durant, sans souffrir de la faim, sans cesser vos activités. C'est un moyen sûr de guérir bon nombre de troubles maladifs ou de s'engager résolument sur la voie de la guérison. Mais l'objectif peut être différent : perdre des kilos superflus, retrouver un équilibre compromis, jouir d'un éclat et d'une joie tout neufs, vivre enfin une belle aventure aisément renouvelable.

• LES ALIMENTS FERMENTÉS TRADITIONNELS, UNE RICHESSE MÉCONNUE

par Claude Aubert - 264 pages - 56 dessins et graphiques - 73 F.

Fabriquer gratuitement des vitamines et des remèdes naturels.
Conserver les légumes pendant des mois sans stérilisateur et sans congélateur, tout en améliorant leur saveur et leur valeur nutritive. Tout cela, chacun peut le faire dans sa cuisine, grâce à ce livre, en redécouvrant les aliments fermentés traditionnels, dont certains ont sans doute une action préventive et curative vis-à-vis du cancer.

• LE PETIT GUIDE DU JARDINAGE BIOLOGIQUE - POTAGER ET VERGER

par Jean-Paul Thorez - 288 pages. 300 dessins et tableaux - 79 F.

Ecrit par le rédacteur-chef des *Quatre Saisons du Jardinage,* seule revue de jardinage biologique en langue française, ce livre est un outil indispensable pour tous ceux qui veulent jardiner sans avoir recours aux produits chimiques. A la fois simple et complet - il décrit plus de 60 plantes potagères et de nombreuses espèces fruitières méconnues - il s'adresse aussi bien au débutant qu'au jardinier confirmé.

• FAIRE FACE AU CANCER, L'APPROCHE HOLISTIQUE

par le Dr Ian C.B. Pearce - 164 pages - 65 F.

Ce livre donne de nouvelles raisons d'espérer à ceux qui sont atteints d'un cancer. Il montre qu'en modifiant notre attitude face à la maladie, notre alimentation et notre mode de vie, il est possible, dans bien des cas, de vaincre le cancer.

• LE COMPOST AU JARDIN

par Krafft von Heynitz - 128 pages - 50 photographies en couleurs et 40 dessins - 71 F.

Le compost ? Le fertilisant de base de tous ceux qui ne veulent pas utiliser les engrais chimiques. Mais comment le réussir ? Ce livre nous donne toutes les clés pour y parvenir : quels matériaux utiliser, dans quelles porportions, quelles erreurs éviter, comment s'assurer que le compost fermente bien, quand et comment l'utiliser. Un livre avec lequel il devient difficile de rater son compost.

• MON JARDIN SAUVAGE, FLEURI ET PRODUCTIF

par Gertrud Franck - 128 pages - 46 photos en couleurs - 72 F.

Bénéficier en l'espace d'un livre de toute l'expérience d'une jardinière telle que Gertrud Franck est une chance à ne pas laisser passer. Sa méthode "des cultures associées", déjà fameuse outre-Rhin, commence à faire des adeptes chez les amoureux de la nature de notre pays.

• LA MAISON POLLUÉE - LES PRODUITS DANGEREUX, COMMENT LES ÉVITER ?

par Helga Wingert - 256 pages - 81 F.

Notre "sweet home" est-il le havre de pureté, de propreté auquel nous aspirons tous et toutes ? Rien n'est moins sûr ! Cosmétiques, produits d'entretien et d'hygiène, peintures... bref, toutes ces substances chimiques avec lesquelles nous cohabitons font parfois payer cher leurs services. Apprenez à connaître les pollutions domestiques et découvrez les moyens écologiques de les éviter

---

• LA CUISINE SAINE DES QUATRE SAISONS

Les meilleures recettes de 230 jardinières et jardiniers biologiques - 384 pages - 82 F.

Quand les lectrices et les lecteurs d'une revue de jardinage biologique telle que *Les Quatre Saisons* mettent en commun leurs meilleures recettes, cela donne un livre irremplaçable. Les plats proposés sont sains, éprouvés, appréciés par des familles entières, faciles à réaliser et, bien sûr, à base de produits du jardin.

• DIS-MOI COMMENT TU CUISINES... JE TE DIRAI COMMENT TU TE PORTES

Techniques culinaires, vitamines et santé.
par Claude Aubert - 160 pages, nombreux dessins et graphiques - 74 F.

Cuisson sèche, cuisson humide. Les vertus de la soupe - La supériorité de l'ustensile en terre sur celui en aluminium. Pourquoi et comment associer les aliments, etc.
Claude Aubert, dans son nouveau livre, nous emmène au-delà de la diététique : à quoi bon des aliments sains et équilibrés si nous les "massacrons" en cuisine.

• LA THÉRAPIE DES VITAMINES ET DE L'ALIMENTATION - POUR RETROUVER SON ÉQUILIBRE

par le Dr Michael Lesser - 222 pages - 58 F.

Vous êtes déprimé, vous n'arrivez plus à vous concentrer, un rien vous décourage ou vous rend agressif, bref ça ne tourne pas rond dans votre tête. Vous incriminez le stress, le surmenage, les soucis. En fait, c'est peut-être votre corps qui fonctionne mal : une vitamine ou un oligo-élément essentiel qui manque, un polluant qui vous intoxique.

• LA POMME AUX MILLE USAGES

par Annelies Schöneck - 112 pages - nombreux dessins - 44 F.

L'auteur, nous ayant d'abord convaincus (sans difficulté !) que la pomme est un fruit excellent pour notre santé, nous donne ensuite les moyens de la conserver, de la transformer, de la cuisiner de façon à perdre le moins possible de ses précieuses propriétés, tout en se régalant.
Jus, rondelles séchées, délicieuses compotes, "kwas" pétillant, authentique "Apfelstrudel", traditionnelles tartes...
Tout ce qu'elle nous conseille, elle l'a fait, depuis de nombreuses années. C'est dire la richesse pratique de ce petit recueil.

• CHIENS ET CHATS - LEUR MÉDECINE NATURELLE

par Juliette de Baïracli Levy - 256 pages - 77 F.

Juliette de Baïracli Levy vous apprendra à soigner les animaux de compagnie avec des plantes et à leur donner une nourriture et un mode de vie qui les empêchent de tomber malades. Elle est le pionnier incontesté de la médecine naturelle des chiens et des chats. Son livre est le fruit de 50 années d'expérience.

• LES FLEURS DES QUATRE SAISONS AU JARDIN BIOLOGIQUE

par Sue Stickland - 128 pages - nombreux dessins et photos en couleurs - 78 F.

Un manuel complet et pratique. Toutes les fleurs (annuelles, vivaces, bulbeuses, roses) pour avoir un jardin fleuri toute l'année. Une approche écologique. Les conseils d'une vraie professionnelle de l'horticulture.

• LA CURE DE RAISIN OU LA SANTÉ RETROUVÉE

par Basil Schackleton - 86 pages - 45 F.

La santé retrouvée - définitivement - après 40 années de maladie chronique, avec pour seul thérapie une cure de raisin.
Telle est l'histoire de Basil Shackleton, qu'il raconte dans ce livre. L'histoire étonnante, et qui laisserait sceptique, si des milliers d'autres guérisons n'avaient confirmé l'extraordinaire pouvoir curatif du raisin.
Rien de plus facile à faire qu'une cure de raisin. Il suffit de ne manger que du raisin, autant que l'on veut, pendant plusieurs semaines. Loin d'être affaibli, on se sent de plus en plus en forme, et on peut sans inconvénient continuer à travailler pendant toute la cure.

• DES CRUDITÉS TOUTE L'ANNÉE - LES LÉGUMES LACTO-FERMENTÉS

par Annelies Schöneck - 96 pages - nombreuses photos en couleurs - 57 F.

Annelies Schöneck nous révèle ici ses secrets et ses tours de main.
Faire sa choucroute, ses concombres, ses navets et ses oignons lacto-fermentés devient un jeu d'enfant.
Nous découvrons aussi que 20 autres légumes peuvent être conservés de la même manière, et avec la même facilité, et que l'on peut disposer ainsi toute l'année de crudités riches en vitamines, remarquablement digestes et prêtes à consommer. Quant à la technique, elle est remarquablement simple : mis à part les légumes, il faut du sel, des aromates, un couteau ou une râpe, des pots en grès ou des bocaux en verre, et rien de plus.

Achevé d'imprimer en septembre 1988 par
Arti Grafiche Motta - Milan (Italie)